ARÍETE

Ricardo Vieira Lima

Aríete

POEMAS ESCOLHIDOS

(1990 - 2020)

Prêmio Ivan Junqueira
Academia Carioca de Letras

Prêmio Jorge Fernandes
União Brasileira de Escritores

COPYRIGHT © 2021 RICARDO VIEIRA LIMA

EDITOR

Renato Rezende

PROJETO GRÁFICO E CAPA

Rafael Bucker e Augusto Erthal

DIAGRAMAÇÃO

Augusto Erthal

REVISÃO

W. B. Lemos

CARICATURA DO AUTOR

Chico Caruso

Dados Internacionais de Catalogação na Publicação – CIP

C837	Lima, Ricardo Vieira	
	Aríete – poemas escolhidos / Ricardo Vieira Lima.	
	Rio de Janeiro: Circuito, 2021.	219 p.
	ISBN: 978-65-86974-35-5	
	1. Literatura Brasileira. 2. Poesia. 3. Literatura Contemporânea. I. Título. II. Poemas escolhidos.	
CDU 821.134.1(81)		CDD B869.1

Catalogação elaborada por Regina Simão Paulino – CRB 6/1154

Todos os direitos reservados por
Editora Circuito Ltda.
Largo do Arouche 252 apto. 901
São Paulo SP 01219-010
www.editoracircuito.com.br
renato@editoracircuito.com.br

A Márcia Cristiane, Ana Beatriz, Gabriela e Thais, meus vivas

A Thalitha, Hértenes, Josias e Maria Carmelita, meus mortos

AGRADECIMENTOS

Aos amigos que, por meio de sugestões, reparos, incentivo e apoio, contribuíram para a realização deste livro: Affonso Romano de Sant`Anna, Olga Savary (*in memoriam*), Italo Moriconi, Marcos Pasche, André Seffrin, Antonio Carlos Secchin, Adriano Espínola, Marcus Vinicius Quiroga (*in memoriam*), Marco Lucchesi, Alberto Pucheu, Renato Rezende, Rafael Bucker, Augusto Erthal, Claudio Daniel, Luís Maffei, Thereza Christina Rocque da Motta, Cleide Barcelos, Michelle Gueraldi, Waldir Ribeiro do Val, Emil de Castro, J. Gil Corrêa, Antonio Miranda, Jaime Vieira, Carlos Emílio Corrêa Lima, Rogério Pereira, André Luiz Pinto, Florisvaldo Mattos, Aleilton Fonseca, Carlos Ribeiro, José Inácio Vieira de Melo, Vera Lúcia de Oliveira, Nuno Rau, Alexandre Guarnieri, Raí Prado Morgado, Mar Becker, Amanda Vital, Elvia Bezerra, Darcy França Denófrio, W. B. Lemos, Carlos Henrique Costa, Flavio Porto, Nena Braga, Marcos Antonio Ribeiro de Moura Brito e Mirtes Castro Xavier de Almeida (*in memoriam*).

A Felipe Chalfun (*in memoriam*), professor e *designer*, que, com brilho e criatividade, usando os recursos da computação gráfica, materializou minhas ideias nos poemas visuais da seção "Coreografites".

A Márcia Cristiane dos Santos Lima, especialmente, pela ajuda na seleção e organização dos poemas.

Laus Deo.

SUMÁRIO

ARÍETE – Poemas Escolhidos (1990-2020)

APRESENTAÇÃO – Italo Moriconi,   13

ENTRE PAREDES – Marcos Pasche,   15

ESCRITOS PARA AS PAREDES

Aríete,   25
Estirpe tardia,   27
Objeto errático,   29
Sobre o atual conceito de arte,   31
Poíesis,   33
Guerrilha noturna,   35

A VIDA É IRREPARÁVEL

Round midnight,   39
Centúria,   41
O ciclo vita/vício,   43
Um quadro em branco,   45
Michelangelo,   47
Primeiro pedágio,   49
Lifestyle,   51
Ao grave senhor de óculos,   53
Um amor,   55
Unhappy hour,   57
Voragens,   59

Doutor Carneiro, 61
Dentro do baú vermelho, 63
Das uvas chinesas só restaram os caroços, 65
Here comes the sun king, 67
Resposta a Thomas Morus: 69
Elo, 71
Cantilena do agora, 73

COREOGRAFITES

Come uma vergine, 77
Encontros notáveis, 79
Voo duplo, 81
The meaning of life in Manhattan, 83
Don't forget it, 85

TRÊS POEMAS DATADOS

Elegia patética no verão de 95, 89
Verão indene no Recreio do Rio, 91
Obituário do verde, 93

ESCRITOS PARA CORPOS HIANTES

Jocasta hiante, 111
Descoberta, 113
Trovar só, 115
Fetiche nasal, 117
Ode à Boca-do-Corpo, 119
Não levarás teu Deus para a sodomia, 121
Mulheres, 123
Mulheres 2, 125
Canção de segredo e sigilo, 127
Flor do ébano, 129

ITINERÁRIOS

Itinerário de um poeta, 133
Canção do velho poeta e da trajetória do medo, 135
Serial killer, 137
Cartas de um jovem proleta, 139
Haicai duplo para Yukio Mishima, antes do seppuku, 141
Castro Alves por ele mesmo, 143
Aboio, 145
A um itabirano, com amor, 147
Como o espírito consequente de Ana Cristina Cesar, 149
Anotações para um quase poema de Mario Quintana, 151
Nonada, 153
O trabalho das nuvens 2, 155
Viagem à terra cabralina, 157
JCMN, 161

ESCRITOS PARA CARTA E REGISTRO

Nova carta de intenções, 165
Registro, 167
Pórtico, 169

PENTALOGIA DIALOGAL

O processo: (a)fundamentos de uma sentença
ou questão de (falta de) princípio(s), 173
Motivo da rosa, 175
Parada tática, 177
Indagações de hoje, 179
Domingo de samba, domingo de sangue, 183

ESCREVER É CORTAR POEMAS (DEPOIMENTO E NOTAS), 187

SOBRE O AUTOR, 213

APRESENTAÇÃO
ITALO MORICONI

Dentre os vários sentidos possíveis para a imagem do aríete, escolhida por Ricardo Vieira Lima como título do presente volume, aquele que me vem à mente, em primeiro lugar, remete à tenacidade na busca da poesia. Os cornos voltados para o chão de si, o desejo fascinado pelo brilho das estrelas (as palavras, os grandes poetas antecedentes), já no poema de abertura lemos a declaração: "Escrevo para as paredes". Escrever é bater cabeça, é tentar romper a muralha do silêncio e suplantar aquilo que, de tão dito, ameaça com o indizível.

Mas, se a busca da poesia é uma paixão cega, paradoxalmente a elaboração deste livro foi realizada com cuidado e consciência, disciplina e lucidez. Em *Aríete*, o caminho árduo que leva ao poema transparece a cada verso. Ricardo não nasceu pronto (se é que existe poeta que tenha nascido pronto). Sua poesia é, antes de tudo, o sumo de uma atividade de autoformação diuturna. Ricardo Vieira Lima leu antecessores e coetâneos, extensiva e, sobretudo, intensivamente (seu trabalho crítico e de antologista o atesta). Com "ânsia de condenado", num momento existencial que considera "tardio", o risco da operação é que, queira ou não o poeta, seja sua escrita cerebral ou visceral, narrativa ou declaratória, lá estarão o "nervo exposto" e a "alegria dolorosa" (cf. "Estirpe tardia" e "Objeto errático").

Resultado do labor de quem percorreu, de maneira cega e lúcida, o universo da poesia, *Aríete* é constituído por uma seleção diversificada. O autor experimenta diferentes possibilidades, exercitando várias facetas do poético no contemporâneo. Composto por poemas maduros, o volume exibe todo um processo de formação poética. Podemos assim imaginar o aríete enfurecido que deixa de se esbater debalde contra a parede dos velhos mestres e sai voando num salto livre pelas campinas.

Como é comum ocorrer em poesia, é justamente nos poemas de emulação que essa singularidade mais forte se faz sentir e se deixa ler – vejam-se as referências, homenagens, diálogos e embates com Carlos Drummond de Andrade, Ana Cristina Cesar, Mario Quintana, Guimarães Rosa e João Cabral de Melo Neto, entre outros. O poeta Ricardo nasce na terra fecundada por esses mestres, mas deles se descola, e decola, tornando-se ele mesmo e imprimindo a assinatura Ricardo Vieira Lima no seu modo mais ambicioso, do ponto de vista literário.

Entre paredes

Marcos Pasche

Uma rápida consulta a dicionários permite constatar que entre os termos "iniciado" e "iniciante" existe uma diferença semântica basilar, efetivada pelo tempo de experiência num exercício qualquer: o primeiro já começou; o segundo está começando. Associando a distinção ao ofício da escrita poética, e, para fins ilustrativos, considerando tal ofício como sinônimo de publicação de livros do gênero, "iniciado" é o poeta autor de duas ou mais obras, e "iniciante" é o poeta que dá ao público seu primeiro livro.

Essa distinção é aqui trazida por se mostrar propensa à insuficiência e, além, à amalgamação, sendo por isso decisiva à leitura deste *Aríete*, livro exordial de Ricardo Vieira Lima, em quem vislumbro a existência de um *poeta iniciado*, apesar de *estreante*. Explico-me. Bibliófilo e crítico experiente, fundamente capacitado para o exercício interpretativo, com produção transeunte entre o jornal e o livro, Ricardo Vieira Lima já é uma figura do meio literário, o que se adensa pela carreira acadêmica que ele, há pouco tempo e com grande distinção, vem construindo, na área de Letras, entre as duas maiores universidades públicas do Rio de Janeiro. Essa coleção de referências permite concluir com clareza que o autor é um "iniciado", algo que, em *Aríete*, se confirma, tanto pelas diversas menções a personalidades do universo literário (em dedicatórias e intertextos), quanto por poemas de fatura admirável, como "Guerrilha noturna", por exemplo:

> Versos feitos ou de efeito,
> são, na verdade, defeitos.
> Infernam-me dentro do peito,
> carrego-os, insatisfeito.
> Metáforas do imperfeito,
> precisam ser refeitos.
> Mas penso: não há mais jeito.
> Suspiro, desisto e deito.

Econômico e intenso, o poema dá a impressão de que o poeta disse precisamente o que julgou necessário dizer, sem sobras ou faltas, casando a profundidade do assunto a uma estrutura exata, que dota de furor o impasse do poeta bifurcado entre o *eu que exprime* e o *eu que pensa a expressão* – "Infernam-me dentro do peito,/ carrego-os, insatisfeito./ Metáforas do imperfeito,/ precisam ser refeitos". Destarte, o bifurcamento referente à ação criativa do poeta desdobra-se noutro, quando o *guerrilheiro* reconhece a necessidade de aperfeiçoamento, sem deixar de reconhecer, no mesmo lance, o encerramento de possibilidades, o que se traduz como indício de madureza, de um início que já aconteceu e que não comporta ingenuidades.

A esse respeito, importa evocar a imagem do aríete, que intitula o volume. Na epígrafe geral da obra, tomada a André Virel, destacam-se simbologias dúbias, que consorciam fertilidade e destruição, retidão corpórea e espiralar frontal, cuja súmula é "o valor de abertura e de iniciação evocada pelo 'V' de todos os chifres do animal".

Desse modo, é possível notar em *Aríete*, este livro *inaugural* com subtítulo de obra *madura* – "poemas escolhidos", selecionados num período de três décadas (1990-2020), chegados ao público sob o endosso de dois prêmios literários –, uma escrita *pluritemática* e *poliformal*, resultante de um olhar atento a tudo e que transita entre a forma fixa (cf. "Flor do ébano") e a experimentação radical de "Obituário do verde", dispensando minudências da literariedade para se colocar como denúncia cortante do desmatamento em florestas tropicais. Nessa postura de oposição, a poesia também é recusa do que violenta e deforma o existir, algo muito próprio do espírito da juventude, conforme atestam, como súmula cabal, os dois versos derradeiros do poema "Registro" ("Era conveniente silenciar, mas protestei./ Não se começa a vida com uma mentira"), e "Pentalogia Dialogal", a dura seção que fecha o livro de forma contundente.

A escrita heterogênea é sinônimo de movimento e abertura ao risco, e com esses predicados Ricardo Vieira Lima revela-se autenticamente contemporâneo. O estado de princípio como fase é aqui estado de princípio como concepção existencial, sem restrições da cronologia. Em texto introdutório a um volume de importante coleção, Ricardo empregou o termo "Pluralismo" para designar a atualidade literária, algo de que este *Aríete* é efetiva metonímia, como num lance em que destino e projeto se encontram e se complementam.¹ Ao longo de suas oito seções, a variação formal, que vai do soneto à fotomontagem, passa pela síntese e pela facúndia, transitando entre a concentração de sentido e o retórico, é a principal tônica da linguagem de Ricardo Vieira Lima, bicho de oito cabeças, poeta de oito faces.

Embora a pluralidade seja um indicativo do fim das amarras que exigiam dos poetas uniformidade grupal, os contemporâneos – plurais e libertos – não estão isentos de insolubilidades. Aos de agora, um dos impasses mais intrincados se mostra quando aquele que escreve se pergunta *para que* e *para quem* escrever. Desse impasse Ricardo Vieira Lima se revela um altíssimo tradutor, pois "Aríete", que abre o volume, é desses poemas que sintetizam agudamente as questões que pungem na individualidade e reverberam na coletividade. Escrevendo *para*, *contra*, *sob* e *sobre* as paredes de uma época toda paredão, da qual a indiferença é massa e tijolo, o poeta traz à tona a condição dramática de quem se aflige com o isolamento geral, mas a ele inevitavelmente recorre, dada a peculiaridade de seu trabalho criativo e a necessidade de afastamento do *mundo lá fora*. A escrita poética, usualmente interpretada pelo viés da liberdade, é aqui um incontornável alheamento e ganha ares de condenação. Deposto da derrubada de pórticos e muralhas, resta ao aríete contemporâneo o canto resignado, e aí, onde tudo é fechado e solitário, a poesia ainda produz um possível vibrar de paredes – sejam as de pedra, sejam as de carne:

> Escrevo todos os meses
> e não vejo outra saída.
> Escrevo para as paredes:
> não posso escrever pra vida.

---

1 "Anos 80". In: LIMA, Ricardo Vieira (Org.). *Roteiro da poesia brasileira – Anos 80*. São Paulo: Global, 2010, p. 11.

Aríete

POEMAS ESCOLHIDOS

(1990 - 2020)

O aríete, além de símbolo da fecundidade regeneradora, é também a máquina que permite sejam derrubados as portas e os muros das cidades sitiadas e, portanto, que se abra a carapaça das coletividades. A forma espiralada de seus cornos acrescenta, ainda, uma ideia de evolução, reforçando o valor de abertura e de iniciação evocada pelo "V" de todos os chifres do animal. O aríete do mito do Velocino representa bem a iniciação: é dotado de verbo e de razão. Simboliza a força psíquica e sagrada, a sublimação. Ele voa e seu velo é de ouro. Todavia, sua força de penetração é ambivalente: ela fertiliza, fere ou mata.

ANDRÉ VIREL,
Histoire de Notre Image, Genebra, 1965

Citando a opinião do poeta tcheco Jan Skácel sobre a condição do poeta (que, nas palavras de Skácel, apenas descobre os versos que "estiveram sempre, profundamente, lá"), Milan Kundera comenta (em L'art du Roman, *1986): "Escrever significa para o poeta romper a muralha atrás da qual se esconde alguma coisa que 'sempre esteve lá'." (...). Para elevar-se a essa missão, o poeta deve recusar servir verdades conhecidas de antemão e bem usadas, verdades já "óbvias" porque trazidas à superfície e aí deixadas a flutuar. (...) Qualquer que seja sua denominação, essas "verdades" não são as "coisas ocultas" que o poeta é chamado a desvelar; são antes parte da muralha que é missão do poeta destruir.*

ZYGMUNT BAUMAN,
Liquid Modernity, Cambridge, 1999

Escritos para as Paredes

ARÍETE

> *Reverbera no escudo o brilho baço*
> *do túrgido aríete*
> *com que distância e tempo enfureces.*
>   Francisco Alvim

Escrevo para as paredes.
O ar puro me asfixia.
Escrevo todas as vezes
que um desejo se anuncia.

Escrevo contra as paredes
que transponho em agonia.
Escrevo sempre isolado,
sem nenhuma companhia.

Escrevo sob as paredes
que me cercam, todavia,
em casa ou no trabalho.
E sem carta de alforria,

escrevo sobre as paredes.
Escrevo à noite ou de dia.
Com ânsia de condenado,
na sua hora tardia.

Escrevo todos os meses
e não vejo outra saída.
Escrevo para as paredes:
não posso escrever pra vida.

ESTIRPE TARDIA

> *Escrever é coisa de nervos.*
> João Cabral de Melo Neto

Pertenço a uma rara estirpe.
Nascido tardio, demorei
a sentir a náusea e o gosto
de ver meu nervo exposto.

OBJETO ERRÁTICO

A Marcondes Mesqueu

O poema não é um corpo estático,
um mar-calmaria, um toque surdo.
Tampouco uma fera raivosa,
uma selvageria, um cão vagabundo.
O poema, esse objeto errático,
é uma alegria dolorosa.

SOBRE O ATUAL CONCEITO DE ARTE

A Zygmunt Bauman,
que nos salvou do óbvio

E como ficou chato ser moderno,
agora serei pós-moderno.

Eis o conceito atual de Arte.
(Ó Baudrillard Ó Lyotard Ó John Barth

Ó Bhabha Ó Giddens Ó Anderson
Ó Hutcheon Ó Huyssen Ó Jameson)

Fácil e popular, caiu no gosto,
embora seja impreciso e fosco.

POÍESIS

A Ferreira Gullar

Todo poema melhor seria se não pronto.
Entre a ideia e o ato, perdem-se palavras.
Todo poema melhor seria se não feito.
Entre o abstrato e o concreto,
há uma morte (do poema).

Vou inventar a máquina que fotografe minha alma
no exato momento em que a ideia me atravesse.
Só então terei o poema ide(i)al(ma).

Mas, enquanto a tecnologia não me dá condições
de fazê-lo, repito e afirmo:

Todo poema melhor seria se não pronto.
Todo poema melhor seria se não feito.

GUERRILHA NOTURNA

A Ivan Junqueira, lutador

Versos feitos ou de efeito,
são, na verdade, defeitos.
Infernam-me dentro do peito,
carrego-os, insatisfeito.
Metáforas do imperfeito,
precisam ser refeitos.
Mas penso: não há mais jeito.
Suspiro, desisto e deito.

A Vida é Irreparável

ROUND MIDNIGHT

Solitário incógnito no giro da noite.
Preso à síndrome latente do devorador de hemácias.
Os semáforos se repetem a todo instante.
Não há rumos. Não há ideias nem ambições.
Só há presença.
Presença presente.
Presença e testemunho.

CENTÚRIA

A minha mãe

E de repente, chega o dia em que a alegria
passa a ser algo aparente, e as pessoas,
pintadas de prazer, tentam mantê-la consigo.

Ocorre, então, uma supervalorização
do comércio dos cosméticos, e uma alta
na demanda da maquiagem corretiva.

E de repente, chega.

O CICLO VITA/VÍCIO

A meu pai

Inicia-se o ciclo
do artifício.
Poeta do bem
da morte,
não faz da vida,
senão, um vício.
Inicia-se um tempo
de novas apostas.
(Se duro ou caroável,
já não lhe importa.)
A vida é irreparável.

UM QUADRO EM BRANCO

A Eva Bán

Ofereceram-lhe
um pincel,
mas o animal
atirou-o longe.
Depois, usando
uma broxa,
compôs uma
nova e terrível
paisagem, chamada
natureza morta.

MICHELANGELO

Desde pequeno, Michelangelo gostava de pôr a mão
                              [na massa.
Brincando, fazia misérias com aquela espécie de pasta.

Adolescente, entrou para o mundo artístico.
Dedicou-se a esculpir e, aconselhado
por professor amigo, fez Belas-Artes.
Na escola, a cena era outra: faltava viço. Faltava vida.
Entrou em deprê, convulsões, o diabo, largou tudo.

Então descobriu.

Fez medicina, cirurgia plástica, mudança de matéria-prima.

Hoje é médico de renome, novo Ivo Pitanguy, mora na Barra
e tem consultório em Ipanema, onde se dedica a
– como ele mesmo nos diz – "trabalhar com esmero em cima
                              [de esculturas vivas".

PRIMEIRO PEDÁGIO

Foi difícil chegar até aqui,
mas cheguei.

Atravessei um lado da ponte
– me falta somente
pagar o pedágio.

Quanto devo por minha
primeira travessia?

LIFESTYLE

Não me venha mostrar
seu vestido de organza
sua saia em strech
ou seu conjunto de brincos,
pulseiras e anéis de prata.

Sua jaqueta acetinada
seu blazer de lã
seu terno de linho
ou sua calça de tweed,
não fazem meu gênero.

Seu diploma em Harvard
sua conta na Suíça
seu amor do ano
ou sua fé em Buda,
nada disso me interessa.

O que fica
o que importa
e o que vale, de fato,
é apenas
sua roupa de baixo.

AO GRAVE SENHOR DE ÓCULOS

"Vim pedir a mãe da sua filha em casamento",
anunciou o rapaz ao grave senhor de óculos.
"Tenho a oferecer a ela tudo o que o senhor
não pode mais dar: juventude, beleza,
alegria de viver e paixão.
Tenho a oferecer a ela tudo o que o senhor
nunca pôde dar: mente aberta, conforto total,
variedade e satisfação sexual.
Não tenho a oferecer a ela tudo o que o senhor
está farto de dar: rotina, tédio, aborrecimento
e as velhas queixas da idade.
Por isso mesmo aceite meus argumentos
e me dê a mãe da sua filha em casamento".

UM AMOR

A Márcia Cristiane

Um amor como este, eu sei, não vai ter fim.
Há de ficar, nestes versos, eternizado.

Pois que a poesia, ao servi-lo e consagrá-lo,
urdiu seu canto (e seu encanto) para mim.

Um amor como este, eu sei, não tem futuro.
Não tem passado ou presente: é atemporal.

Vai nascer. Está nascendo. Nasceu bem antes
dos amantes. É amorável e amoral.

Não vai morrer. O que se sabe é o que se sente.
Um amor como este, eu sei, é para sempre.

UNHAPPY HOUR

Nosso amor morreu numa quinta-feira à noite,
após um dia de trabalho cansativo.
Do stress à happy hour, numa sessão de açoite,
descobrimos que o amor não mais estava vivo.
A noite reluzia e o pub estava cheio.
As mesas, lotadas, marcavam o contraponto.
A gente mal se olhava, e a garçonete veio.
Depois do quarto chope, eu já ficando tonto,
pedi a nota enquanto o clima estava sóbrio.
Acertamos as contas, pois já era tarde.
E não haveria mágoa, rancor ou ódio
que diminuísse a nossa felicidade,
por estarmos fazendo aquilo que era certo.

Enfim separados, hoje estamos mais perto.

VORAGENS

Eu canto o extermínio e a devastação.
Sou torpe, venal, cruel e hostil.
Agradam-me os juramentos vãos.
Não faço do mundo algo menos vil.

Sou livre e honesto, de bons sentimentos.
Voltado ao que é belo, eu amo o que vive.
Afasto de mim os maus pensamentos.
Preservo o amor e seus dons, inclusive.

Vacilo, constante, entre o bem e o mal.
Assim são todos, não passam, afinal,
de seres mutáveis, sem fixa imagem.

De certo e claro se sabe apenas
que a morte é a maior de todas as penas,
com seus dedos ágeis em suas voragens.

DOUTOR CARNEIRO

"Ainda aguenta mais umas duas ou três descargas
elétricas", avalia o médico – que atende pelo curioso
codinome de Doutor Carneiro –, diante do guerrilheiro
                                              [moribundo.

Palmatórias, chicotes, cordas molhadas, correntes de aço,
velas e cigarros acesos, navalhas, estiletes,
tudo já havia sido usado, embora sem sucesso.
O homem, agora um farrapo, continua se recusando a falar.
A Pianola Boilesen entra novamente em ação, mas,
depois do quinto eletrochoque, o torturado não resiste
                                                [e morre.

Doutor Carneiro atesta a causa mortis: ataque cardíaco.
Utilizando-se do conhecimento médico-científico,
esse cordeiro Lobo prolonga o sofrimento
dos contestadores do regime, torturados sem piedade
nos aposentos da Casa da Morte.

Stevenson estava certo:
o médico é o monstro.

DENTRO DO BAÚ VERMELHO

O apresentador estala os dedos nervosamente.
A expectativa é grande, há no mínimo
centenas de repórteres do mundo todo,
ansiosos para registrar o que pode haver
dentro do baú vermelho.
O apresentador é um homem idoso,
aparentemente 65, por trás de um vasto bigode branco.
Veste um sobretudo marrom e leva, num dos bolsos
do casaco, uma pequena garrafa de vodka.
E é com um sotaque russo-rude-campônio
que ele inicia o espetáculo.

DAS UVAS CHINESAS
SÓ RESTARAM OS CAROÇOS

A Olga Savary

Das uvas chinesas só restaram os caroços.
Mais cedo, foi retirado o suco,
foi retirado o vinho,
que foi bebido como sangue
em taças púrpuras.

Dos homens do povo só restaram os caroços.
Mais cedo, foi retirado o brio,
foi retirado o sangue,
que foi bebido como vinho
em praças públicas.

HERE COMES THE SUN KING

A Affonso Romano de Sant'Anna

– que há de alegórico no eterno retorno
de um raio de sol a cada manhã?
pele prateada, verdade evidente
por culpa do hélio, essa estrela perene
tiveram-no irmão, tiveram-no um mal
tiveram-no símbolo de uma revolução
matou-se por ele, amou-se também
e nem mesmo assim puderam ocultá-lo
   nietzsche   eliade   kundera
É tarde demais para saber o –

RESPOSTA A THOMAS MORUS:

Utopia é o nome da nossa incompetência.

ELO

E só agora me dou conta de que
o bebê que morre na sala de parto
foi tão completo quanto o
empresário octogenário
coberto de glórias e sofrimentos.

CANTILENA DO AGORA

Há uma tensão rarefeita no ar.
Frente à mansidão que já nos habitou,
a alma da calma é o caos, fluxo
imponderável de todos os limites.

Coreografites

Come una Vergine

(ou: se eu não te amasse tanto assim...)

Madonna Lisa
me escandaliza

Madonna Lisa
me peroniza

Madonna Lisa
ó pitonisa

Me deixe
insone

Ou te troco pela
Veronica Ciccone

Da série:
Encontros Notáveis

> Vede em que fogo
> tormentoso ferve,
> o triste que a Amor
> ainda serve.

> Se a minha musa
> a um tempo inane serve,
> o esforço é meu,
> porém é tua a verve.

Voo Duplo

amar é POUSO

amar: repOUSO

amar é POSE

amarre e POUSE

The Meaning of Life in Manhattan

100% SCOTCH WHISKIES
Don't Forget It
Um Minuto de Silêncio
em homenagem à
MEMÓRIA da
MEMÓRIA NACIONAL

Três Poemas Datados

ELEGIA PATÉTICA NO VERÃO DE 95

A Jaime Vieira

1.

Não temos saída: suportemos a vida,
anunciou o poeta neste tempo sem asas.

Abertas estão as feridas
e as portas estão trancadas.

Urgente é viver a vida,
até que se volte ao Nada.

2.

Fugimos, ilesos, dos assaltos nos túneis e, com olhos de lince,
escapamos, imunes, dos fuzis AR-15.

Ecoou dos morros a voz livre e sem pudor do funk.
Em resposta, a favela foi cercada pelos tanques.

Ganhamos a Copa, seguramos os preços, mas, ainda assim,
perdemos Senna, Quintana e Jobim.

No verão, voltamos aos 60, aos 70 e 80, em várias noites insones,
dançando ao som de Lulu, Ben Jor, Tim Maia, Rita Lee e os Stones.

Emprestamos milhões ao México, mas não aumentamos o mínimo.
Aos deturpados do Congresso, o 14º e o 15º.

3.

Se a única coisa eterna é a mudança,
a última esperança é a que morre.

Dom Bosco! Dom Bosco! Livrai-nos dos perigos
advindos do mal.

Mas o santo está mouco e o nosso grito é rouco.
Eis a vida real.

Rio de Janeiro, fevereiro de 1995

VERÃO INDENE NO RECREIO DO RIO

*A Silvia Carvalho, Cláudia Taranto e
Marcelo Riveiro, que também frequentam*

Verão no Rio é uma morena tesuda
com tatuagens no corpo.

As elegias do verão passado
são passado morto.

Alheio aos crimes, vejo corpos malhados,
expostos ao sol.

No extremo da praia, um casal de namorados
joga frescobol.

O anunciante informa que, no Maraca,
terminou empate.

Os inocentes, não só no Leblon,
estão por toda parte.

Por falar nisso, em Brasília,
vem caindo um temporal sinistro.

Até agora, já derrubou
dez barracos e dois ministros.

Verão no Rio é cerveja gelada
e gente sarada à beira do mar.

É jogo de búzios e gol de cagada,
depois do tempo regulamentar.

É ônibus lotado até o fim da linha
e sexo oportuno, sem camisinha.

Verão no Rio é uma morena tesuda
que me provoca arrepio.

E a vida prossegue, neste verão indene
no Recreio do Rio.

                Recreio dos Bandeirantes, Rio, janeiro de 1996

OBITUÁRIO DO VERDE

(Poema em Progresso ou Poema Contínuo)

A Antonio Carlos Jobim, que continua plantando árvores
A Franz Kracjberg, que não desistiu de morar nelas
A Raoni Metuktire, defensor internacional da natureza
e dos povos da Amazônia

Na Antiguidade, o homem morava nas árvores.

09 SET 1987 – Um satélite da NASA revela a existência
de 2.500 incêndios simultâneos na Floresta Amazônica.
Os desmatamentos e queimadas já consumiram 18%
da Amazônia brasileira – uma área equivalente aos
Territórios do Rio de Janeiro, Espírito Santo, Paraná,
Santa Catarina e Rio Grande do Sul.

Na Antiguidade, o homem morava nas árvores.

04 MAI 1988 – Cientistas constatam a extinção de 5.000
espécies de animais e plantas por ano, e anunciam que,
se esse ritmo for mantido, 1/3 das espécies vivas
do planeta poderá desaparecer até o ano 2.050.

Na Antiguidade, o homem morava nas árvores.

23 DEZ 1988 – O líder seringueiro Chico Mendes
é assassinado, aos 44 anos, em Xapuri, no Acre,
em decorrência de uma emboscada arquitetada
por poderosos grupos de fazendeiros, políticos
e policiais, interessados na continuidade dos
desmatamentos da Floresta Amazônica.

Na Antiguidade, o homem morava nas árvores.

05 JUN 1992 – No Dia Mundial do Meio Ambiente, o presidente norte-americano George Bush recusa-se a assinar o Tratado da Biodiversidade, durante os trabalhos da RIO 92, alegando possível explosão mundial da recessão.

Na Antiguidade, o homem morava nas árvores.

26 OUT 1992 – O jornalista e escritor norte-americano Richard Preston publica um artigo na revista The New Yorker sobre um supervírus, o Ebola, originário da caverna Kitum, no Quênia. Preston alerta para a hipótese de o supervírus ser o resultado da destruição das florestas tropicais. Vinte e dois anos depois, o Ebola dizima milhares de pessoas no continente africano, preocupando autoridades e sanitaristas do mundo inteiro.

Na Antiguidade, o homem morava nas árvores.

12 FEV 2005 – A religiosa norte-americana, naturalizada brasileira, Dorothy Mae Stang, mais conhecida como Irmã Dorothy, é assassinada, aos 73 anos, no interior do Pará, em decorrência de uma emboscada arquitetada por um fazendeiro local. Irmã Dorothy vivia na Amazônia, desde a década de 1970, e lutava pela geração de emprego e renda, com projetos de reflorestamento em áreas degradadas. Defensora de uma reforma agrária justa e consequente, mantinha diálogo com diversas lideranças camponesas, políticas e religiosas, na busca

de soluções para os conflitos relacionados à posse e à exploração da terra na Floresta Amazônica.

Na Antiguidade, o homem morava nas árvores.

24 ABR 2012 – A Câmara dos Deputados aprova o projeto de lei do novo Código Florestal, mesmo sem a participação da comunidade científica, e sem qualquer apoio popular. Após uma queda de braço entre o governo e o Parlamento, o novo texto é sancionado no mês seguinte pela presidente Dilma Rousseff, contendo doze vetos, e acompanhado da edição de uma medida provisória que preenche lacunas abertas na proposta original. Ainda assim, a nova lei reduz a faixa de vegetação a ser preservada à margem de rios e córregos, e permite a anistia de multas para agricultores que venham a reflorestar as áreas desmatadas.

Na Antiguidade, o homem morava nas árvores.

08 JUL 2015 – A União Internacional para a Conservação da Natureza e dos Recursos Humanos divulga relatório, chamando atenção para o fato de que um em cada seis patrimônios naturais da humanidade, tombados pela UNESCO, tem a existência ameaçada pelas mudanças climáticas. A lista inclui 228 ecossistemas, distribuídos em 96 países. Ao todo, 35 deles já estão comprometidos. De acordo, ainda, com esse relatório, no caso do Brasil, cinco dos sete patrimônios naturais do país têm estado

de conservação "significativamente preocupante": Floresta Atlântica, Chapada dos Veadeiros, Iguaçu, Pantanal e Costa do Descobrimento, na Bahia.

Na Antiguidade, o homem morava nas árvores.

05 NOV 2015 – No Dia Nacional da Cultura, um tsunami de lama de rejeitos, resultante do rompimento de duas barragens da mineradora Samarco, holding da Vale S.A., atinge e destrói o distrito mineiro de Bento Rodrigues, causando o pior desastre ambiental da história do Brasil e o maior desastre do gênero da história mundial, nos últimos 100 anos. A chamada "tragédia de Mariana" provocou a extinção de 1.469 hectares de vegetação, incluindo Áreas de Preservação Permanente (APP), e a destruição de mais de 660 km de rios, além das mortes de 17 pessoas. A gigantesca onda de lama devastou sete distritos da cidade de Mariana e atingiu mais de 40 cidades da Região Leste de Minas Gerais e do Espírito Santo, contaminando, ainda, os rios Gualaxo do Norte, do Carmo e Doce. Além da morte de milhares de peixes, vários micro-organismos e outros seres vivos também foram afetados, tendo sido eliminada a cadeia alimentar de diversos ambientes atingidos. Biólogos estimam que o Rio Doce precisará, em média, de 10 anos, para se recuperar do impacto ambiental sofrido.

Na Antiguidade, o homem morava nas árvores.

23 DEZ 2016 – A dois dias do Natal, com o Congresso Nacional em recesso e os setores públicos voltados para

as festividades de fim de ano, o presidente Michel Temer edita três medidas provisórias de cunho ambiental: a primeira, conhecida como "MP da Grilagem", permite a regularização ambiental de áreas públicas de até 2,5 mil hectares (latifúndios, inclusive), invadidas até 2016, abrindo caminho, assim, para o agravamento do desmatamento e dos conflitos de terras, principalmente na Amazônia. As outras duas MPs alteram o limite de uma Unidade de Conservação, a Floresta Nacional do Jamanxin, reduzindo-a em 300.000 hectares. As MPs são enviadas ao Parlamento, onde congressistas alteram o texto, reduzindo ainda mais a proteção em quase 500.000 hectares e adicionando cortes em outra área protegida, o Parque Nacional de São Joaquim, em Santa Catarina, uma das últimas reservas de floresta com araucárias. As medidas provocam uma forte reação da sociedade civil, por meio da atuação de ONGs, acadêmicos e artistas, que juntos pressionam o governo, para que este vete integralmente as MPs. Em resposta, o presidente veta as MPs de Jamanxin e São Joaquim, mas sanciona a "MP da Grilagem". Contudo, logo após o veto, o governo envia ao Congresso, em forma de projeto de lei, um novo texto que propõe as mesmas alterações das MPs vetadas.

Na Antiguidade, o homem morava nas árvores.

13 DEZ 2017 – Dados da instituição norte-americana Global Forest Watch alçam o Brasil ao topo da lista de países que devem ser observados, por conta do desmatamento, em uma nova iniciativa que usa satélites

com capacidade quase em tempo real para destacar a redução de florestas. Desde outubro, os satélites já detectaram mais de 50.000 hectares de desflorestamento, algo equivalente a mais de 60.000 campos de futebol, no Território Indígena Kayapó, localizado na Amazônia brasileira. Em dezembro do ano seguinte, o Brasil volta a ocupar o primeiro lugar da lista, consagrando-se como campeão mundial do desmatamento. De um total de 3,6 milhões de hectares do mundo, o país desmatou, somente em 2018, 1 milhão e 300.000 hectares. Foi como se 150 campos de futebol de floresta nativa desaparecessem a cada hora. A perda de florestas primárias ocorreu, principalmente, no entorno de várias reservas indígenas, e até dentro delas, como no caso da reserva Ituna Itata, que apresentou redução de mais de 4.000 hectares de floresta nativa, em decorrência da exploração ilegal de madeira, de minérios, e da apropriação ilegal de terras por diversos grupos de fazendeiros.

Na Antiguidade, o homem morava nas árvores.

25 JAN 2019 – Pouco mais de três anos após a "tragédia de Mariana", outra barragem, também controlada pela Vale S.A., localizada na região de Córrego do Feijão, em Brumadinho, Minas Gerais, se rompe, causando um dos maiores desastres com rejeitos de mineração do mundo. O rompimento provoca uma destruição de grandes proporções nas áreas humana, ambiental e industrial, tornando-se, ainda, o maior acidente de trabalho da história do Brasil. A chamada "tragédia

de Brumadinho" deixou cerca de 300 mortos.
A maioria das vítimas é de funcionários da própria Vale.
Ao romper, a barragem formou ondas gigantescas de
rejeitos, que avançaram na direção de carros, casas,
árvores, animais e pessoas, a uma velocidade de cerca
de 80 km/h. O impacto ambiental provocado pelo
desastre ocasionou, a princípio, a perda de quase 200
hectares de vegetação nativa de Mata Atlântica e 70,65
hectares de Áreas de Preservação Permanente.
Os rejeitos da mineração atingiram, ainda, 300 km
de rios, incluindo o rio Paraopeba. Análises
constataram que, do local do desastre até pelo
menos 40 km, o Paraopeba morreu, não havendo
prazo para que o ecossistema se recupere. Como as
características dos rejeitos de minério podem se
modificar ao longo dos anos, a falta de condições de
vida aquática pode durar mais de uma década.

Na Antiguidade, o homem morava nas árvores.

10 ABR 2019 – O presidente Jair Bolsonaro completa
100 dias de governo – período em que promove o
maior desmonte das políticas públicas de proteção
ambiental, em toda a história do Brasil. Os ataques
se iniciam com a nomeação, para titular da pasta do
Meio Ambiente, de um advogado que havia sido
condenado por improbidade administrativa pela Justiça
paulista, acusado de fraudar um plano de manejo para
favorecer grandes mineradoras, na época em que
exercera o cargo de secretário do Meio Ambiente de
São Paulo. Ao assumir o Ministério, o político provoca

uma demissão em massa no IBAMA (inclusive a do fiscal que havia multado Bolsonaro por pesca ilegal em 2012), causando assim o desmonte das equipes de fiscalização. Em seguida, o ministro suspende contratos com ONGs ambientalistas, objetivando o fim das estruturas de participação social no Ministério, e extingue secretarias que formulavam políticas públicas voltadas para a diminuição dos efeitos das mudanças climáticas globais, ameaçando o cumprimento do Acordo de Paris, do qual o Brasil é signatário. O novo presidente do IBAMA, nomeado pelo ministro, autoriza um leilão de petróleo próximo a Abrolhos, na Bahia, ignorando um parecer técnico que alertara para o risco de um vazamento atingir o paraíso de corais. Ainda em abril, uma parceria do Ministério do Meio Ambiente com o Ministério da Agricultura resulta na liberação de 86 novos agrotóxicos, incluindo substâncias proibidas em muitos países, por serem cancerígenas e responsáveis pelas mortes de abelhas.

Na Antiguidade, o homem morava nas árvores.

02 MAI 2019 – O senador federal Flávio Bolsonaro, filho do presidente da República e integrante da base do governo, apresenta um projeto de lei para revogar o quarto capítulo do Código Florestal ("Da área de Reserva Legal"), que prevê a preservação de vegetação nativa em propriedades rurais. Se aprovada, a nova lei extinguirá a Reserva Legal em todas as propriedades rurais do país. Especialistas na área ambiental argumentam que, caso o projeto de lei seja aprovado sem vetos, poderá provocar um desmatamento de 167

milhões de hectares no território brasileiro, algo equivalente a três vezes o tamanho do estado da Bahia, ou a uma área maior do que a Alemanha.

Na Antiguidade, o homem morava nas árvores.

07 MAI 2019 – O Ministério do Meio Ambiente anuncia um bloqueio de 95% da verba destinada à implementação de políticas sobre mudanças climáticas no Brasil, algo em torno de R$ 11,8 milhões. O esvaziamento da iniciativa contribui para a intenção do governo de retirar o país do Acordo de Paris, que estabelece metas para a limitação do aquecimento global. Além disso, a prevenção e o controle de incêndios florestais sofrem um bloqueio de 38,4%, equivalente a R$ 17,5 milhões. Já a ação de licenciamento ambiental federal perde 42% da verba de R$ 7,8 milhões. Por fim, o programa de apoio à criação de unidades de conservação sofre um contingenciamento de R$ 45 milhões, ou seja, um quarto do seu orçamento.

Na Antiguidade, o homem morava nas árvores.

29 MAI 2019 – A Câmara dos Deputados, por 243 votos a 19, aprova projeto de lei que, com 35 emendas, libera o desmatamento de 5 milhões de hectares no país. A nova alteração também propicia o atraso do reflorestamento de outros 4 milhões de hectares. A soma das regiões afetadas equivale ao território de Portugal. Para diversos ambientalistas, essas mudanças desfiguram o Código Florestal, uma vez que a área que pode deixar de ser recomposta, a título de reserva legal, foi aumentada. Além disso, os 9 milhões de hectares

comprometidos pelas emendas estão distribuídos em apenas 147 mil imóveis no Brasil inteiro, beneficiando, assim, poucos e grandes produtores rurais.

Na Antiguidade, o homem morava nas árvores.

22 JUL 2019 – O Ministério da Agricultura libera mais 51 novos agrotóxicos, ampliando para 290 o número de pesticidas autorizados apenas nos seis primeiros meses de 2019. No final de maio, o governo já havia liberado mais 31 novos agrotóxicos, sendo três compostos do glisofato, substância associada ao desenvolvimento de câncer e ligada a processos bilionários nos Estados Unidos. Em julho, com a aprovação da comercialização de mais 51 marcas, envolvendo sete novas substâncias e outras já existentes em produtos do mercado, foi liberado o sulfoxaflor, princípio ativo que controla insetos que atacam frutas, grãos, e que estaria relacionado à morte de cerca de 500 milhões de abelhas polinizadoras, somente nos primeiros meses de 2019. O ritmo de aprovação de agrotóxicos pelo governo Bolsonaro é tão avassalador, que a quantidade total aprovada até o mês de junho chega a ser superior a tudo que foi aprovado na União Europeia, do início de 2011 a meados de 2019. Dados da ONU revelam que os agrotóxicos são responsáveis por 200 mil mortes por intoxicação a cada ano, sendo que mais de 90% delas ocorrem em países em desenvolvimento, como é o caso do Brasil.

Na Antiguidade, o homem morava nas árvores.

06 AGO 2019 – O Instituto Nacional de Pesquisas Espaciais (INPE), subordinado ao Ministério da Ciência e Tecnologia, divulga dados de que o desmatamento na Amazônia, em julho, aumentou 278% em relação ao mesmo mês do ano anterior. Em junho, o Instituto já havia apontado um crescimento de 90% no desmatamento, em relação a junho de 2018. Após a divulgação dos novos números, o presidente Jair Bolsonaro questiona as medições e determina que, dali em diante, dados futuros só seriam divulgados se passassem, antes, pelo seu crivo, numa clara atitude de censura prévia. O episódio culmina com a demissão do presidente do INPE e a nomeação de um coronel da reserva para o cargo, antes ocupado por um físico e engenheiro de renome internacional, com doutorado pelo Instituto de Tecnologia de Massachusetts.

Na Antiguidade, o homem morava nas árvores.

12 DEZ 2019 – É confirmado, oficialmente, na cidade de Wuhan, na China, o primeiro caso de um paciente hospitalizado, por ter adquirido o novo coronavírus (Sars-CoV-2), causador da Covid-19, doença que apresenta um espectro clínico que pode variar de infecções assintomáticas a síndromes respiratórias agudas graves. O surto inicial atinge trabalhadores e clientes de um mercado de frutos do mar em Wuhan. O mercado é fechado para limpeza e desinfecção, mas, mesmo assim, o vírus se espalha rapidamente e, em 11 de março de 2020,

a Organização Mundial da Saúde (OMS) declara que o surto de Covid-19 já havia se transformado numa pandemia. Estudos iniciais demonstram que provavelmente o vírus se originou a partir de mutações dos coronavírus de morcegos, os quais, por sua vez, transmitiram o vírus para o pangolim, um mamífero consumido pelos chineses como uma espécie de alimento exótico, existente em algumas regiões da Ásia e da África. No entanto, outros estudos científicos levantam a hipótese da existência de uma possível relação entre a pandemia e as mudanças climáticas, uma vez que as emissões globais de gases do efeito estufa, durante o século XX, favoreceram o crescimento de um habitat para morcegos, tornando o sul da China uma região propícia para o surgimento e a propagação da Covid-19. Munidos de um mapa da vegetação mundial do século passado, e utilizando dados relacionados a temperatura, precipitação e cobertura de nuvens, pesquisadores analisam a distribuição de morcegos no início dos anos 1900 e, comparando com a distribuição atual, concluem que diversas espécies mudaram de região, devido às mudanças no clima do planeta. Kate Jones, professora de Ecologia e Biodiversidade no University College London, lembra, ainda, que o aumento exponencial do transporte de animais, a destruição de seus habitats em troca de paisagens mais "humanas" e a maneira como as pessoas vêm interagindo com outras espécies podem levar à disseminação de outras doenças pandêmicas, sendo o coronavírus apenas um primeiro sinal, claro e incontestável, de que a degradação ambiental pode vir a exterminar milhões de seres humanos, ao longo do século XXI.

Na Antiguidade, o homem morava nas árvores.

21 DEZ 2020 – O Sistema de Observação da Terra da NASA divulga um relatório demonstrando que, no Brasil, de janeiro a outubro de 2020, mais de 20 milhões de hectares da Amazônia, do Cerrado, da Mata Atlântica e do Pantanal, juntos, foram atingidos por queimadas. A soma das regiões afetadas corresponde a uma área maior que o estado do Paraná. Em área absoluta, o Cerrado foi o bioma mais atingido pelo fogo, totalizando 11 milhões de hectares. Em seguida, aparecem Amazônia, Pantanal e Mata Atlântica, com 4, 8, 3, 6 e 0,8 milhões de hectares queimados, respectivamente. No entanto, quando a área ocupada por esses biomas é considerada, o Pantanal foi, de longe, o mais afetado, com 24% de seu território, completa ou parcialmente destruído pelas chamas. No Cerrado, a área atingida pelo fogo correspondeu a 6% do bioma; na Amazônia e na Mata Atlântica, a cerca de 1%. Além disso, foi no Pantanal, também, que a área queimada em 2020 mais cresceu, se comparada a 2019: 91%. Imagens de árvores, jacarés, aves e serpentes carbonizados deram a volta ao mundo: um quarto da região foi devastado pelas chamas entre janeiro e setembro. Já na Amazônia, o aumento foi de 18%; na Mata Atlântica, de 14%, e, no Cerrado, as áreas queimadas em 2019 e 2020

foram equivalentes. Com relação ao desmatamento na Amazônia, atingiu-se a maior taxa, desde 2008. Estimativas do INPE que cobrem o período de agosto de 2019 a julho de 2020, indicam uma perda de 1,1 milhão de hectares de florestas, um incremento de 9,5% em relação ao ano anterior. No período, foram perdidos 11.088 km² de florestas e bosques, ou seja, mais de sete vezes a superfície da Cidade do México. Um dado preocupante foi o aumento da frequência de grandes blocos de desmatamento (maiores de 1.000 hectares), os quais contribuíram com quase 8% da área total de floresta perdida, um sinal claro da falta de governança que paira em algumas regiões da Amazônia, apesar dos avançados sistemas de monitoramento existentes à disposição das autoridades públicas. Por fim, nos últimos dias de 2020, o Observatório do Clima, uma coalizão de ONGs brasileiras focadas nas mudanças climáticas, anuncia que, devido ao desmatamento, o Brasil foi o único grande emissor de gases de efeito estufa que aumentou suas emissões no ano em que a economia global parou, devido à pandemia da Covid-19. O Observatório responsabiliza diretamente o presidente Jair Bolsonaro, por levar à frente um projeto exitoso, "que vem buscando aniquilar a capacidade do Estado brasileiro e dos órgãos de fiscalização que cuidam das florestas brasileiras e combatem o crime na Amazônia". Quanto a esse último aspecto, o Observatório informa, ainda, que indígenas, camponeses e outros ativistas vêm sofrendo ameaças de morte,

por estarem enfrentando interesses econômicos
de mineradoras, madeireiras, agronegócio,
empresas eólicas, hidrelétricas e gasodutos.
Nove dos 20 países com mais homicídios de
defensores do meio ambiente no mundo, em
2019, foram latino-americanos, segundo a
Global Witness, uma ONG que documenta
esses crimes há quase uma década. Colômbia,
Brasil, México e Honduras encabeçaram a lista.

O homem é o único animal que desceu das árvores e
[começou a cortá-las.

Rio de Janeiro, fevereiro de 1996/dezembro de 2020

Escritos para Corpos Hiantes

JOCASTA HIANTE

Abre as pernas, mulher, que estou entrando
nesta flora, mestra-guia que anuncia
tuas sendas, teus mistérios, teus recantos,
aos quais rendo meu orgasmo e, mais ainda,

abre as coxas, mulher, que estou voltando
ao teu útero, o qual deixei um dia,
e ao qual volto, depois de tantos anos,
para dar cumprimento à profecia.

Abre as pernas, mulher, que o tempo é quando.
O amor tem pressa, e esta nossa première
nasceu nula... Ah, fiquemos no entra-e-sai,

enquanto o mal está nos esperando.
Portanto, abre. Abre as pernas, mulher,
já é tarde. E eu preciso chorar meu pai.

DESCOBERTA

O nosso amor é tão bonito!
Ela finge que me ama
E eu finjo que acredito.
Nelson Sargento

1.

Conheceram-se num jantar de amigos,
oferecido num fim de semana.
Ele, em torno de uns sessenta e cinco.
Ela, uma linda balzaquiana.

Apesar da diferença de idade
que a conveniência logo ocultou,
julgaram-se em afinidade:
"A sorte nos presenteou!"

2.

Ao amor se apegavam com fúria,
nos momentos de paixão lasciva,
dominados pela luxúria,
e no fim, rendição passiva.

Surgiu, então, um problema
que abalou a relação:
não valia mais a pena,
pois ele perdera o tesão.

3.

Ela buscou compensação
nos lares, nas camas de fora.
E encontrou satisfação.
Decidiu-se: "Vou-me embora!"

Porém, não largou o marido.
Talvez, quem sabe, por pena
de deixar o casarão querido
e de perder seu "mecenas".

4.

Um dia, ao cair da tarde,
ele fingiu viajar.
Saiu e voltou, sem alarde,
com a intenção de flagrar.

Flagrou os dois nus, na cama,
ocupados em se amar.
E assim descobriu o prazer:
o prazer de observar.

TROVAR SÓ

Para aliviar sua tensão
e afastar qualquer marasmo,
nada melhor do que o tesão
acompanhado de um orgasmo.

FETICHE NASAL

Orifício nasal:
parte saliente do rosto.
Órgão do olfato da mulher
que me chega pelo cheiro.
Orifício saliente.
Beleza projetada, em riste.
Pontiaguda. Carnosa.
Fossa nasal. Venta do amor.

ODE À BOCA-DO-CORPO

D'après Jorge Amado

Boca-do-Corpo
por ti
largo tudo
num sopro.

Boca-do-Corpo
bebi
teu farto suco
e foi pouco.

Boca-do-Corpo
comi
tua carne rósea
e tão louco

maravilhado
sucumbi
ao teu império
ó Boca-do-Corpo.

NÃO LEVARÁS TEU DEUS PARA A SODOMIA

DOMINGO

Invariavelmente, padre Alberto tira o crucifixo
da gaveta, condecora-se, e vai à missa
rezar pelos demais pecadores.

SEGUNDA

Dia dos mortos, acende velas
para aqueles que se foram,
que sejam menos malditos.

TERÇA

Pai Nosso e Ave-Maria
para os escravos da carne.
Deus tenha piedade deles.

QUARTA

Padre Alberto fala na missa contra abusos sexuais,
aids, pederastas, fanchonas, giletes, LGBTQIAP+,
cinema novo, rock brasileiro, música pop,
pagode, sertanejo universitário e funk carioca...

QUINTA

... escritores, artistas, novelistas, liberais, progressistas,
transformistas, transformados, enrustidos, exibidos,
esquerdopatas, libertinos, ricos, novos ricos, velhacos,
divorciados, macumbeiros, sexólogos e amigados.

SEXTA

Procissão pelas ruas da cidade. Padre Alberto conduz
a multidão, que reza, contrita. Anoitece, e o religioso
usa o telefone da igreja para fins particulares.

SÁBADO

À noite, padre Alberto toma banho, põe perfume
e se arruma, para ir à casa do juiz classista,
Zé Aderaldo, trepar com ele.
Antes, porém, tira o crucifixo do pescoço
e o deposita na primeira gaveta da cômoda,
à esquerda do genuflexório.

MULHERES

> *Com a licença e a licenciosidade de Gregório de Matos,*
> *Francisco Moniz Barreto, Bernardo Guimarães, Laurindo*
> *Rabelo, Múcio Teixeira, Carlos Drummond de Andrade,*
> *Hilda Hilst, Leila Míccolis, Léo de Salvador, Cairo Trindade,*
> *Eduardo Kac, Glauco Mattoso, Bráulio Tavares,*
> *Waldo Motta, Sylvio Back e Luís Antonio Cajazeira Ramos*

Mulheres que dão o cu
e com isso se comprazem,
o fazem porque bem sabem
agradar um homem nu.

Mulheres que chupam picas
e engolem toda a porra,
sinal de que a foda é boa,
na nossa memória fica.

Mulheres cujas bucetas
só querem comer caralhos,
chupadas são suas tetas
e seus amantes são vários.

MULHERES 2

Mulheres que colam velcro,
mulheres que chupam xanas,
por elas eu me derreto
em punhetas bem sacanas.

Mulheres que chupam grelos
ao tocarem siririca,
me fazem usar meus dedos,
punhetando a minha pica.

Mulheres que fodem outras
com caralhos de borracha,
me fazem homenageá-las
com mais de 20 gozadas.

CANÇÃO DE SEGREDO E SIGILO

Meu segredo é te amar em sigilo.
Extrair o pistilo, o sexo da flor,
pra fazer deste amor um laurel, um berilo,
e transbordar de alegria até o esplendor.
Pra te amar com fervor. Pra te amar com estilo.
Em surdina. Sem ninguém mais supor.

FLOR DO ÉBANO

A Márcia Cristiane

Todo amor é negro, sempre negro,
mas sua ausência é a pior fortuna.
E sendo amor, será desassossego,
embora tal sentir não há quem puna.

Todo amor é medo, festa e atropelo,
e o seu avesso ainda nos perturba.
Mas sendo sonho ou mesmo pesadelo,
renova o céu, doando mel à turba.

Flor do ébano, o meu gozo, juro,
a tuas entranhas sempre se dirige.
Amar a ti, mulher, faz bem ao ego.

E se vierem outros tempos duros,
não fugirei, que o amor assim exige.
Pois só a ti, mulher, é que me entrego.

Itinerários

ITINERÁRIO DE UM POETA

A Marco Antonio Poço

O poeta prossegue na rua com a poesia atada aos pés,
nos calcanhares, e já não tem mais medo de tropeçar
                              [por causa dela.
O poeta vacila como um bêbado, cai,
mas agora não sente vergonha disso.
Nas suas costas, há o peso acomodado dos poemas,
milhares de poemas: seus, e dos demais
autores que lhe foram ou lhe são caros.
O poeta entra na livraria da esquina,
e com ele entram todos os poemas.
O poeta vê o seu nome impresso,
o seu trabalho impresso, e sente um orgulho besta.
Medo não há mais.
O poeta sai da livraria da esquina, para na calçada,
olha para os dois lados: prossegue.
Com o peso de todos os poemas nas costas,
o poeta não tem mais medo de atravessar a rua.

CANÇÃO DO VELHO POETA
E DA TRAJETÓRIA DO MEDO

A Rainer Maria Rilke

Quando comecei
a escrever,
tive medo
de não ser editado,

Quando comecei
a ser editado,
tive medo
de não ser lido,

Quando comecei
a ser lido,
tive medo
de não ser amado,

Quando comecei
a ser amado,
tive medo
de ser esquecido,

Quando me julguei
consolidado,
tive medo
de me tornar cabotino,

Hoje, no topo
da mais alta torre,
sozinho, restou-me
apenas o medo.

SERIAL KILLER

Em sonhos, fazia poesia.
Na realidade, matava versos.

CARTAS DE UM JOVEM PROLETA

Rilke: acesse minhas cartas gravadas
num HD vazio. Não há por que temer
pelo fim da arte, da música e dos livros.
Vamos apenas entoar esta canção,
pois o que dura é cada vez mais breve.

Maiakóvski: poeta passa por proleta.
Como um aedo que trabalha com suor
no rosto, eu quero a poesia humana,
urbano-neurotizada, que bate cartão
de ponto, mas, se precisar, faz greve.

HAICAI DUPLO PARA YUKIO MISHIMA, ANTES DO SEPPUKU

Para um louco dum japonês
que não queria nada na vida
e resolveu ser escritor.

Porém, ao descobrir que se
buscasse o Nada, na verdade
faria muito, se suicidou.

CASTRO ALVES POR ELE MESMO

Em mim a preguiça é proverbial.
Escrevo-te para dizer que não te escrevo.
Será possível, meu Deus, ainda um dia de dor?

ABOIO

Mário de Andrade é boi de cambão.
Augusto Frederico Schmidt é um legítimo boi de coice.
Manuel Bandeira, boi de cambão.
Carlos Drummond de Andrade começou
boi de cambão e acabou boi de coice.
Murilo Mendes tem pedaços de boi de
coice e pedaços de boi de cambão.
Walt Whitman é boi de cambão.
T.S. Eliot é boi de coice.
W.H. Auden, boi de cambão.
Dylan Thomas faz o possível para ser boi de cambão,
mas só consegue ser boi de coice.
Rimbaud é um misto, talvez o mais completo,
de boi de coice e boi de cambão.
Animais de carga e corte à parte,
a poesia é o aboio,
esse canto plangente e canônico.
Mas é também o estouro da boiada.

A UM ITABIRANO, COM AMOR

E como eu percorresse atentamente
uma obra de Minas, majestosa,
que ilumina corações e mentes

e devolve ao povo a sua rosa,
descobri que o poeta é, sobretudo,
um exemplo de vida dolorosa.

Mas a vida, como se sabe, é tudo,
e a morte, essa visita derradeira,
pode atrasar, mas chega – não me iludo.

A lição dessa obra é a primeira:
nascemos para amar. O resto é espuma
que se esvai entre todas as besteiras

que dizemos e fazemos. Em suma,
o amor, essa "palavra essencial",
justifica a vida. Então, nenhuma

outra é mais bonita. Ou mais banal.
Quando o poeta itabirano nasceu,
há cem anos, um coro celestial

de anjos, na verdade, emudeceu.
Porque diante de um ser muito amoroso,
não há anjo, arcanjo ou orfeu

mais puro, mais sagrado, mais zeloso.
Quando o poeta itabirano se foi,
em busca de um amor tão venturoso,

que unia pai e filha, os dois,
irmanados na alegria e na dor,
não sabia que, quinze anos depois,

um obscuro poeta, em seu louvor,
dedicaria estes versos à glória
de um itabirano, com amor.

Amor que não me sai mais da memória.

COMO O ESPÍRITO CONSEQUENTE DE ANA CRISTINA CESAR

A Ana Paula de Lima Silva

Ela é consequente. Sempre.
E partidária do mais nobre axioma:
arriscas, arriscas — pagas.

ANOTAÇÕES PARA UM QUASE POEMA DE MARIO QUINTANA

Não mais o silêncio garboso de Greta, a Quarta Sinfonia de Mahler, o quarto-casulo de hotel, ou o feérico universo pictórico de Hieronymus Bosch.
"Eu não estou aqui": sugestão para o epitáfio daquele que se retirou em surdina, atrelado à absoluta ausência do poema que não veio, não vem, não virá.
Entre os guardados do poeta, encontra-se um reclame sobre os ruidosos benefícios da Pfaffia paniculata.

NONADA

A'pois que o dotô Juão Rosa era curandeiro
que se preze, mas só isso, eu disse pra ele.
Vôte! Que o moço fez que num viu,
desconversou e me deu u'a brochura.
Tem gente porfalando sempre
que o dotô Juão Rosa era cheio
de leitura e dotoração,
grande contador de causos,
mas vê s'eu cria neles?
Em tanto, quando o cumpadre
me presenteou com estas estórias,
num creditei patavim
que fosse cair nu'a emboscada
armada pela prosa do dotô,
que como u'a tubixaba grande
acaba devorando todo mundo que chega perto.

O TRABALHO DAS NUVENS 2

A Marly de Oliveira

Mais belas que as nuvens
são as sombras que elas
fazem sobre a terra.

VIAGEM À TERRA CABRALINA

A João, que descobriu o caminho

1.

Para se fazer essa viagem
é preciso bússola e astrolábio
é preciso escuna e alfarrábio
é preciso enredo e personagem.
Para se fazer essa viagem
é preciso solo infértil e negativo
uma frota de cruzados efetivos
muita pesca e poucos planos:
e é preciso estar à beira do oceano.

2.

Observar o tempo também é preciso:
não o tempo preciso e enxuto,
mas o tempo dissoluto, de ressaca,
porque só a ressaca move
essa carcaça. Apenas.

3.

Mas antes de entrar no mar
é preciso mapear o trajeto
é preciso entender o dialeto
é preciso desprezar o decreto
e, por fim, abandonar a rotina.

Até que o medo se evapore
e nada mais sobre,
além do cheiro e do sopro
que vêm da terra cabralina.

4.

O itinerário do sopro cabralino
é sempre contrário:
contrário porque puxa,
não porque empurra.
Contrário porque suga,
não porque murcha.
Contrário não porque afunda,
mas porque leva.
Contrário porque, no fundo,
atrai contra toda a terra.

5.

Já o cheiro cabralino
lembra muito de especiarias
nascidas não no Oriente, nas Índias,
mas no Nordeste.
Nascidas com cheiro próprio
de paisagens agrestes
que em outro lugar não há.
Preconcebidas, antes mesmo
de nascidas, no ventre
começam a cheirar.

6.

E cheiro e sopro
então atraem
a escuna para o mar.
Na busca de ver, quem sabe,
o extremo do singular.
Na busca de toda a verdade:
verdade, mera verdade,
que a terra lhe mostrará.

7.

Mas para chegar a essa terra
é preciso longa viagem
é preciso onda e coragem
é preciso ronda e abordagem.
Mas para chegar a essa terra
é preciso, também, tempestade
é preciso calma e temor
é preciso escravo e senhor.
E nunca deixar de lado
o lado navegador.

8.

E quando menos se espera
se vê a terra completa,
aberta, convidativa.
Então se vai até ela,

se finca a bandeira nela,
e a temos, então, descoberta.
Daí é preciso explorá-la,
penetrá-la, devassá-la,
sem o medo de quem erra.
Até que nada mais reste
e não fique terra por terra.

9.

A geografia dessa terra
nunca é acidentada.
É geografia medida,
calculada, milimétrica.
Geografia sem desvios,
sem voltas incertas.
Geografia que flui e reflui
em inalterável linha reta.

10.

É preciso, então, explorar a terra.
Suas riquezas, suas pobrezas,
na busca da mais densa pedra,
que se acha escondida nas entranhas da terra.
Nas entranhas da terra que basta a si mesma.
Nas entranhas da terra que fala de si mesma.
Nas entranhas da terra que, em linha reta,
é uma sempre constante descoberta.

JCMN

> *Frente à grande poesia, toda morte é prematura.*
> Antonio Carlos Secchin

O morto não espera.
O morto não vigora.
Quando chega a sua hora,
renasce a grã-quimera.

O morto não pondera
e nunca se demora.
Depois que o jogam fora,
termina a sua era.

O morto é absorto
e o mundo é absurdo.
O luto é a paz do morto
e o seu tempo é mudo.

Escritos para Carta e Registro

NOVA CARTA DE INTENÇÕES

Há trinta anos, escrevi:
"Não quero ser um poeta a mais
 – quero ser o poeta a mais."
Tolice pueril de um adolescente presunçoso?
Ou realmente cabe ao poeta, com seu verso,
                    [almejar o universo?
Minha nova carta de intenções anuncia
meu plano de obras mais recentes:
fazer poesia com uma esponja nas mãos.
Aderindo, aderindo o tempo todo.
Sentindo, sentindo todo o tempo.
Para enfim poder dizer o que é preciso
com sabor, empenho & sorte.
Não quero ser o poeta a mais,
nem quero ser um poeta a mais
– quero ser humano a mais.

REGISTRO

A Ana Beatriz, por supuesto
Ao Dr. Antonio Piragibe, por tudo

Minha filha nasceu no dia 23 de junho, véspera de São João,
às 23 horas e 26 minutos. Pesava 2 quilos e 700 gramas
                             [e media 49 centímetros.
A torcida era para que a menina viesse meia hora mais tarde.
Uma amiga sugeriu, inclusive, o nome Joana, para o caso
de o nascimento ocorrer no dia 24.
Data festiva. Nome forte. Masculino e feminino.
Mas não deu para adiar. A vida não espera.
Manhã seguinte, no cartório. A escrevente, equivocada,
lançou na certidão 24 de junho como data de nascimento.
Era conveniente silenciar, mas protestei.
Não se começa a vida com uma mentira.

PÓRTICO

A Bia e Gabi, aos seis anos

Aos seis anos, minha filha dorme.
De pé, à porta do seu quarto, registro o sono tranquilo,
talvez povoado por gnomos, fadas, unicórnios
e outros seres que habitam o seu imaginário cotidiano.

Olho para ela, protegida pelas cobertas, a salvo
do frio lá fora e de todos os perigos do mundo.
Por um instante, me inundo de felicidade
e penso que este momento jamais passará.

Que ela seja sempre a minha garotinha,
aquela que adora ouvir minhas histórias desencontradas,
aquela que, com sua gargalhada gostosa, me arrebata,
diariamente, para um mundo muito diferente do meu.

De pé, à porta do seu quarto, de repente volto à realidade.
Daqui a dez anos, ela já não vai mais estar tão perto,
talvez não queira mais ouvir minhas histórias,
e eu não serei mais o único homem da sua vida.

Mas não adianta pensar demais no amanhã.
O amanhã é o incerto e não sabido.
Aos seis anos, minha filha dorme.
Hoje, isto é o que me basta.

Pentalogia Dialogal

O PROCESSO:
(A)FUNDAMENTOS DE UMA SENTENÇA OU QUESTÃO DE (FALTA DE) PRINCÍPIO(S)

In dubio pro reo.

In dubio pro reo

In dubio pro re

In dubio pro r

In dubio pro

In dubio pro h

In dubio pro he

In dubio pro hel

In dubio pro hell

In dubio pro hell.

12.07.2017.

MOTIVO DA ROSA

(A Tese de Weber ou Jogos Florais)

Sou uma rosa?
Sim, sou uma rosa.
Mas, diante da opinião em contrário
da maioria das rosas deste jardim,
e em respeito ao colegiado floral
do qual sou parte integrante,
por ora não sou mais uma rosa.
Contudo, em tese, diante
da imperiosidade dos fatos,
sou uma rosa, pois, definitivamente,
uma rosa é uma rosa é uma rosa é uma rosa.

04.04.2018.

PARADA TÁTICA

Hoje a banca lá da esquina não abriu.
O jornaleiro preferiu ficar em casa,
a ter que vender periódicos
que anunciaram, enfim, a vitória
do ódio e do medo sobre o amor.
Amanhã voltaremos a circular,
anormalmente.

29.10.2018.

INDAGAÇÕES DE HOJE

Quem matou Hipátia de Alexandria?
Quem matou Joana d'Arc?
Quem matou Ana Bolena?
Quem mandou matar Marielle Franco?

Quem matou Mima Renard?
Quem matou Dandara dos Palmares?
Quem matou Tereza de Benguela?
Quem mandou matar Marielle Franco?

Quem matou Ursulina de Jesus?
Quem matou Joana Angélica?
Quem matou Rosa Luxemburgo?
Quem mandou matar Marielle Franco?

Quem matou Olga Benário?
Quem matou Maria Bonita?
Quem matou Dália Negra?
Quem mandou matar Marielle Franco?

Quem matou Aída Curi?
Quem matou as Irmãs Mirabal?
Quem matou Dana de Teffé?
Quem mandou matar Marielle Franco?

Quem matou Iara Iavelberg?
Quem matou Maria Lúcia Petit?
Quem matou Sônia Angel Jones?
Quem mandou matar Marielle Franco?

Quem matou Zuzu Angel?
Quem matou Araceli Crespo?
Quem matou Ana Lídia Braga?
Quem mandou matar Marielle Franco?

Quem matou Ângela Diniz?
Quem matou Cláudia Lessin Rodrigues?
Quem matou Ana Rosa Kucinski?
Quem mandou matar Marielle Franco?

Quem matou Dinalva Oliveira Teixeira?
Quem matou Lyda Monteiro da Silva?
Quem matou Solange Lourenço Gomes?
Quem mandou matar Marielle Franco?

Quem matou Margarida Maria Alves?
Quem matou Mônica Granuzzo?
Quem matou Daniella Perez?
Quem mandou matar Marielle Franco?

Quem matou Irmã Dorothy?
Quem matou Benazir Bhutto?
Quem matou Isabella Nardoni?
Quem mandou matar Marielle Franco?

Quem matou Eliza Samudio?
Quem matou Patrícia Acioli?
Quem matou Jandyra dos Santos Cruz?
Quem mandou matar Marielle Franco?

Quem matou Luana Barbosa dos Reis?
Quem matou Dandara Kettley?
Quem matou Sabrina Bittencourt?
Quem mandou matar Marielle Franco?

Quem mandou matar Marielle Franco?
Quem mandou matar Marielle Franco?
Quem mandou matar Marielle Franco?
Quem mandou matar Marielle Franco?

14.03.2019

Para ler os verbetes das mulheres citadas neste poema, aponte o celular para o QR Code abaixo, ou acesse: ricardovieiralima.com.br/indagacoes-de-hoje

DOMINGO DE SAMBA, DOMINGO DE SANGUE

> *Ó soberbos titulares,*
> *tão desdenhosos e altivos!*
> *Por fictícia austeridade,*
> *vãs razões, falsos motivos,*
> *inutilmente matastes:*
> *— vossos mortos são mais vivos;*
> *e, sobre vós, de longe, abrem*
> *grandes olhos pensativos.*
> Cecília Meireles

Eu não posso acreditar na notícia de hoje.
Eu não posso fechar meus olhos.
Mas faço isso agora, diante de tanta dor.

Evaldo tem samba no sangue.

Evaldo dos Santos Rosa, 51 anos, músico e segurança,
também conhecido como Manduca, toca cavaquinho
no grupo de samba Remelexo da Cor.

Evaldo não sabe, mas, mesmo sendo segurança,
vai morrer por falta de segurança, e por ser da cor.

Está num carro branco com sua família,
a caminho de um chá de bebê, quando é confundido
com um assaltante negro, que acabara
de roubar um carro branco.

Evaldo não sabe, mas um homem negro
não pode dirigir um carro branco.

Em razão disso, o Exército Brasileiro, sem qualquer
sinalização ou advertência, lhe desfere 257 tiros,
dos quais 80 na direção correta.

Não param de atirar, nem mesmo após a saída
da esposa e do filho do músico do carro,
implorando por ajuda.

A ajuda não vem dos militares, mas de um morador
de rua, Luciano Macedo, 28 anos, catador de lixo,
que também não sabe que um morador de rua
catador de lixo não pode socorrer um homem negro
ferido, dentro de um carro branco.

Em razão disso, o Exército Brasileiro, sem qualquer
sinalização ou advertência, lhe desfere um tiro
no peito, que o matará uma semana depois.

Daiane Horrara, 27 anos, companheira de Luciano
e moradora de rua como ele, presencia tudo.
Está grávida de cinco meses.
Não fez o pré-natal, não tem enxoval,
nem sabe que seu filho irá nascer sem pai.

Evaldo tem sangue no samba.

O samba de Evaldo se vai.
O sangue de Evaldo se esvai.

Evaldo sambou.

Aparentemente, tornou-se um número a mais,
parte integrante da cruel estatística que reúne,
a cada ano, quase 60 mil vítimas de homicídio,
em sua maioria negros jovens pobres.

Evaldo sambou.

Mas sua morte aí está, para nos lembrar de que
palavras como "acidente" e "fatalidade" não se
aplicam à execução de um homem.

Evaldo sambou.

Mas sua morte aí está, para desmascarar
governantes travestidos de snipers
e para impedir a ampliação do conceito
de legítima defesa no Congresso Nacional.

Seu último samba atravessou, mas não foi
executado por ele, e sim por uma tropa de
assassinos verde-oliva, que lhe atravessou
o caminho, neste domingo de samba e sangue.

Eu não posso acreditar na notícia de hoje.
Eu não posso fechar meus olhos.
Mas faço isso agora, diante de tanta dor.

07.04.2019.

Escrever é cortar poemas
(Depoimento e Notas)

Livro de estreia e antologia poética a um só tempo, *Aríete – poemas escolhidos*, por pouco não se transformou em *Aríete – poemas esquecidos*, não fosse a insistência de alguns amigos mais próximos, que, durante mais de três décadas, pediram-me que deixasse a condição de poeta inédito, algo que fiz com relutância, aos poucos, e sempre de forma esparsa, incompleta, ao longo dos últimos anos.

Uma mistura de excesso de autocrítica com um pouco de falta de foco, além do estabelecimento de outras prioridades na vida, podem ter contribuído para este *début en retard*. E, se escrever é coisa de nervos, como disse João Cabral, já no segundo poema do presente volume afirmo: "Pertenço a uma rara estirpe./ Nascido tardio,/ demorei a sentir a náusea e o gosto/ de ver meu nervo exposto." ("Estirpe tardia").

O fato é que, no decorrer da minha trajetória intelectual, sempre priorizei a crítica, o ensaio e o jornalismo literários. Desse modo, a poesia foi ficando de lado, embora escrevesse poemas desde os 15 anos de idade e, antes disso, aos 10, escrevesse HQs, passando em seguida para o exercício da prosa ficcional, esboçando contos e novelas, sobretudo policiais e de ficção científica.

Em 1989, aos 20 anos, fiz minha primeira tentativa de organização em livro dos poemas que havia escrito e não destruíra. Rasguei, reescrevi, abandonei e retomei vários textos, os quais, no ano seguinte, foram reunidos num farto volume, intitulado *Pura catarse*, livro de poemas inéditos que obteve menção honrosa no Prêmio Jorge Fernandes de Poesia, da União Brasileira de Escritores – seção Rio de Janeiro (UBE-RJ).

A obra – se é que posso chamá-la assim – ainda era muito imatura, como o próprio título indicava. Decidi testá-la, enviando-a, então, a um famoso crítico literário amigo, que naturalmente a reprovou, alertando-me ainda para a necessidade urgente da mudança do título, com o objetivo de não correr o risco de, futuramente, ser acusado por um crítico ferino de haver produzido uma "pura catástrofe". Diante disso, resolvi, óbvio, não publicar o livro.

Meia década mais tarde, voltei ao projeto, agora mais experiente e com um domínio maior do verso branco, rimado, livre ou medido. Investi também no poema visual, com o "auxílio luxuoso" do amigo, professor e *designer* Felipe Chalfun, responsável pela materialização das minhas ideias, por intermédio do uso de recursos da computação gráfica. Organizado o volume – o qual incluiu uma parte da minha produção poética anterior –, me inscrevi, novamente, no Prêmio Jorge Fernandes de Poesia, da UBE-RJ. Dessa vez, ganhei o 1º lugar, com a obra inédita *As olheiras de Júlia*. Mas ainda estava insatisfeito com o livro. Todavia, por motivos profissionais, não tive, na época, condições de fazer os ajustes necessários (formado em Direito, passei num concurso público da área jurídica e fui trabalhar em outra cidade), o que me levou a adiar sua publicação.

Nos anos seguintes, minha vida pessoal e profissional tomou outros rumos. Entre o fim dos anos 1990 e o início da década seguinte, colaborei, de forma intensa, com vários jornais e revistas brasileiros, publicando resenhas, crítica literária e entrevistas com diversos escritores e poetas. Ocasionalmente, também publicava poemas em periódicos especializados e participava de saraus de poesia em bares e centros culturais cariocas. Mais ou menos na mesma época, conheci minha mulher, com quem me casei no fim de 2001. Tivemos uma filha em 2005, trocamos de casa e fiz pós-graduação *lato sensu* na área de Direito. Nesse período, quase abandonei a literatura, à exceção de um ou outro poema que escrevi, bem como de um ou outro livro de poemas que critiquei, resenhei ou prefaciei.

Felizmente, entrei na década de 2010 com novos projetos e metas, em sua maioria voltados à literatura: organizei, prefaciei e lancei a antologia *Roteiro da Poesia Brasileira – Anos 80*, volume integrante da coleção que mapeou a lírica nacional, do Barroco aos anos 2000, em 15 livros, sendo cada volume organizado por um especialista em um determinado período literário correspondente. Entusiasmado pela repercussão positiva que a antologia alcançou, inclusive nos meios acadêmicos, decidi realizar um sonho antigo: me inscrevi no processo de seleção, fui aprovado e classificado no concurso de mestrado em Literatura Brasileira, da Universidade do Estado do Rio de Janeiro (UERJ), onde ingressei no início de 2013, prosseguindo meus estudos sobre poesia brasileira contemporânea, em meio ao nascimento da minha segunda filha e a mais uma mudança residencial.

A essa altura, já possuía um novo conjunto de poemas, os quais, somados aos espólios dos dois livros anteriores, constituíram, retrabalhados, uma terceira obra inédita: *Aríete*, livro inscrito por mim no Prêmio Ivan Junqueira de Poesia, da Academia Carioca de Letras. Com ele, ganhei o 1º lugar e um prêmio em dinheiro, recebido das mãos do próprio homenageado, em solenidade realizada no fim de 2013. Era o estímulo que faltava para, enfim, poder estrear como poeta.

Contudo, mais uma vez esse objetivo seria adiado. Conciliar mestrado, trabalho e família não foi nada fácil. Tive apenas dois anos para cursar as matérias obrigatórias, publicar artigos, participar de congressos, estagiar, escrever e defender minha dissertação, sem prejuízo das demais atividades profissionais e pessoais. Ao fim de todo esse processo, com o diploma nas mãos, retomei o projeto de *Aríete*, quando fui surpreendido com a publicação do edital do concurso de doutorado em Literatura Brasileira, da Universidade Federal do Rio de Janeiro (UFRJ). Amigos, colegas e professores praticamente me "intimaram", para que eu me inscrevesse no certame. Hesitei, mas acabei entrando no processo de seleção. Apresentei o projeto de pesquisa, fiz as provas e aguardei o resultado. Passei em 1º lugar. No segundo semestre de 2015, ingressei no doutorado.

As dificuldades enfrentadas no mestrado repetiram-se, num grau ainda maior, como não poderia deixar de ser, mas, quatro anos depois, cheguei ao fim de mais uma etapa. Amadureci, e meu livro, consequentemente, também.

Desse modo, é preciso dizer que, de 2013 para cá, fiz significativas alterações em *Aríete*: primeiro, houve o acréscimo do subtítulo "poemas escolhidos", dado o caráter antológico que o presente volume possui, uma vez que reúne uma produção poética que passou por várias modificações, cortes e ampliações, ao longo de mais de três décadas. Nesse sentido, alguns poemas tiveram versos alterados, outros foram totalmente reescritos, e cerca de 30 deles, eliminados. Se, para Graciliano Ramos, Carlos Drummond de Andrade ou John Ruskin (não se sabe, ao certo, quem foi o autor da frase), "escrever é cortar palavras", para mim, *escrever é cortar poemas*.

A exceção fica por conta de quase uma dezena de textos que entraram no livro a partir de 2013, a exemplo da seção "Pentalogia Dialogal", toda ela arquitetada em torno de determinados acontecimentos políticos e sociais recentes que marcaram o Brasil.

As notas a seguir pretendem, de alguma maneira, jogar luz sobre certos detalhes que motivaram ou permearam a elaboração de alguns poemas, além de darem crédito aos periódicos e coletâneas que acolheram meus escritos, a cujos editores, novamente, agradeço.

Ricardo Vieira Lima

"Aríete" – publicado, em versão anterior, com o título original de "Papel de parede", na revista *Poesia Sempre*, Ano 2, nº 3 (Rio de Janeiro: Fundação Biblioteca Nacional, 1994, p. 173), sendo Affonso Romano de Sant'Anna e Márcio Souza os editores-chefes. No terceiro verso da quarta estrofe do poema, constava: "Com a sede de um condenado". Posteriormente, o texto foi divulgado, dessa vez com o título atual, embora ainda com o referido verso, na revista *.doc*, ano 1, nº 1 (Rio de Janeiro: Edição de André Luiz Pinto e Édison Veoca, 2000, p. 36). Ainda no mesmo ano, houve uma nova publicação, dessa vez no periódico *Iararana*, nº 4 (Salvador: EPP Publicações e Publicidade, 2000, p. 39) sendo Aleilton Fonseca e Carlos Ribeiro os editores. Já no ano seguinte, "Aríete" saiu na antologia *Santa poesia*, organizada por Cleide Barcelos (Rio de Janeiro: MMRio Comunicação, 2001, p. 160). Três anos depois, foi divulgado na revista *Poesia para Todos*, Ano V, nº 6 (Rio de Janeiro: Edições Galo Branco, 2004, p. 54), sendo Waldir Ribeiro do Val o editor. Em 2007, o texto foi publicado novamente na revista *Iararana*, nº 13 (Salvador: EPP Publicações e Publicidade, 2007, p. 94, sendo Aleilton Fonseca, Carlos Ribeiro e José Inácio Vieira de Melo os editores), dessa vez num dossiê literário bilíngue (português/italiano), que, na época, reuniu sete poetas italianos e seis brasileiros, todos contemporâneos. Os seis brasileiros são: Lêdo Ivo (1924-2012), Carlos Nejar, Helena Parente Cunha, Ricardo Vieira Lima e Vera Lúcia de Oliveira, esta última responsável pela tradução dos poemas. Em 2011, por sugestão de Darcy França Denófrio, o terceiro verso da quarta estrofe, devido a uma questão de métrica, foi alterado para: "Com ânsia de condenado". A epígrafe do poema, acrescentada, especialmente, para esta edição, reproduz os três versos finais da primeira estrofe do poema "Elefante", de Chico Alvim (*Poemas [1968-2000]*, de Francisco Alvim. São Paulo: Cosac Naify; Rio de Janeiro: 7Letras, 2004, p. 50. Poema publicado, originariamente, no livro *Elefante*, no ano de 2000).

"Estirpe tardia" – A epígrafe é citação de uma frase supostamente atribuída ao poeta pernambucano João Cabral de Melo Neto (1920-1999). Em entrevistas concedidas aos periódicos *Diário de Pernambuco*, em maio de 1969, e *Jornal de Brasília*, em janeiro de 1976, Cabral declarou: "Escrever para mim é uma coisa infernal. (...) Escrever sem que o pulso se acelere, sem rasgar, sem riscar, não entendo. Se a coisa é levada com tranquilidade, obtém-se um refresco de laranja, e quase sem laranja. É necessária uma tensão interior" (*Ideias fixas de João Cabral de Melo Neto*, de Félix de Athayde (1932-1995). Rio de Janeiro: Nova Fronteira /Fundação Biblioteca Nacional; São Paulo: Universidade de Mogi das Cruzes, 1998, p. 29-30). Já no poema "O postigo", que encerra o livro *Agrestes* (1985), João Cabral afirma: "Agora aos sessenta e mais anos,/ quarenta e três de estar em livro,/ peço licença para fechar,/ com o que lestes (?), meu postigo./ (...) / O que acontece é que escrever/ é ofício dos menos tranquilos:/ se pode aprender a escrever,/ mas não a escrever certo livro./ (...) / Aos sessenta, o pulso é pesado:/ faz sentir alarmes de dentro./ Se o queremos forçar demais,/ ele nos corta o suprimento// de ar, de tudo, e até da coragem/ para enfrentar o esforço intenso/ de escrever, que entretanto lembra/ o de dona bordando um lenço.// Aos sessenta, o escritor adota,/ para defender-se, saídas:/ ou o mudo medo de escrever/ ou o escrever como se mija./ (...) / Voltaria a abrir o postigo,/ não a pedido do mercado,/ se escrever não fosse de nervos,/ fosse coisa de dicionários.// Viver nervos não é higiene/ para quem já entrado em anos:/ quem vive nesse território/ só pensa em conquistar os quandos:// o tempo para ele é uma vela/ que decerto algum subversivo/ acendeu pelas duas pontas,/ e se acaba em duplo pavio." (*Poesia completa e prosa*, de João Cabral de Melo Neto. 2ª ed. Introdução, organização, notas e estabelecimento do texto: Antonio Carlos Secchin. Rio de Janeiro: Nova Aguilar, 2008, p. 550-551).

"Sobre o atual conceito de arte" – os dois primeiros versos parafraseiam os versos iniciais de "Eterno", de Carlos Drummond de Andrade (1902-1987): "E como ficou chato ser moderno./ Agora serei eterno." (*Poesia completa*, de Carlos Drummond de Andrade. Fixação de textos e notas de Gilberto Mendonça Teles. Rio de Janeiro: Nova Aguilar, 2002, p. 407. Publicado, originariamente, no livro *Fazendeiro do ar & poesia até agora*, em 1954). Os sobrenomes citados são os de alguns dos principais teóricos do Pós-Modernismo. "Sobre o atual conceito de arte" é dedicado a Zygmunt Bauman (1925-2017), autor do conceito de *modernidade líquida*, período que, segundo o sociólogo polonês, foi antecedido pela chamada *modernidade sólida*. Para Bauman, não há pós-modernidade (no sentido de ruptura ou superação), mas sim uma continuação da modernidade (o núcleo capitalista ainda permanece) com uma lógica diferente: a fixidez da época anterior é substituída pela volatilidade dos novos tempos, marcados pelo imediatismo, individualismo e consumismo.

"Guerrilha noturna" – escrito com o uso da rima continuada, foi divulgado, pela primeira vez, em versão anterior, na antologia *Poemas cariocas*, organizada por Thereza Christina Rocque da Motta (Rio de Janeiro: Ibis Libris, 2000, p. 108). Sete anos mais tarde, foi publicado na revista *Iararana*, nº 13 (Salvador: EPP Publicações e Publicidade, 2007, p. 92, sendo Aleilton Fonseca, Carlos Ribeiro e José Inácio Vieira de Melo os editores), no referido dossiê literário bilíngue (português/italiano). Nas respectivas edições, não constou a dedicatória a Ivan Junqueira (1934-2014), inserida no texto, especialmente, para o presente volume. O adjetivo substantivo masculino "lutador" alude a conhecido poema de Carlos Drummond de Andrade, publicado no livro *José*, o qual foi editado, pela primeira vez, em *Poesias* (1942).

"Round midnight" – divulgado, em versão anterior, com o título original de "Noturno", na revista *Iararana*, nº 4 (Salvador: EPP Publicações e Publicidade, 2000, p. 39), sendo Aleilton Fonseca e Carlos Ribeiro os editores. "Round midnight" ecoa o título homônimo de um dos *standards* de jazz mais populares do século XX, composto por Thelonious Monk (1917-1982) e Cootie Williams (1911-1985), com letra de Bernie Hanighen (1908-1976). Gravada, originariamente, em 1944, pela orquestra de Cootie Williams, da qual Monk fazia parte, a canção, de andamento lento e noturno, descreve um caso de amor conturbado e a profunda tristeza que dele resultou.

"Centúria" – publicado, em versão anterior, na revista *Poesia Sempre*, Ano 13, nº 22 (Rio de Janeiro: Fundação Biblioteca Nacional, 2006, p. 112), sendo Marco Lucchesi o editor. No referido poema, não constou a dedicatória "A minha mãe", inserida no texto, especialmente, para este livro. As Centúrias são as profecias de Michel de Nostradamus (1503-1566), compiladas em 10 blocos, cada qual com 100 (daí o nome "centúria") quadras rimadas, totalizando 1.000 previsões. Elas não estão ordenadas cronologicamente e foram escritas numa combinação de francês arcaico, grego, latim e provençal. Quanto ao poema, o título "Centúria" surgiu, não somente em razão das leituras que me interessavam na época da elaboração do texto – sobretudo "As Centúrias de Nostradamus", primeiro capítulo do livro *Os grandes profetas* (1985), de Renzo Baschera –, mas também pelo conteúdo dos versos da primeira estrofe e pelo modo que eles me chegaram: durante um sonho de uma noite mal-dormida. Assim, no sonho eu me via recitando os versos da primeira estrofe para uma plateia formada apenas por pessoas maquiadas em excesso, o que fazia com que os seus rostos, borrados, adquirissem um aspecto assustador. Acordei sobressaltado, de madrugada, acendi a luz e anotei os versos num caderno que estava sobre o criado-mudo, ao lado da cama. Voltei a dormir. No dia seguinte, despertei achando que tudo o que havia ocorrido não passara de um sonho, mas, ao me deparar com o caderno, li o registro. Durante uns dois dias, trabalhei no poema: modifiquei um pouco a primeira estrofe, escrevi a segunda e inseri o verso final, solto. Achei tudo muito inusitado. Tempos depois, lendo *Itinerário de Pasárgada*, de Manuel Bandeira (1886-1968), me surpreendi com a natural confissão do bardo pernambucano, de que, com frequência, fazia poemas durante o sono: "Foram numerosos. Infelizmente não os pude recompor depois de acordado. Só duas vezes o consegui. Da primeira vez imperfeitamente. Foi o caso de 'Palinódia'. Ao despertar, me lembrava ainda nitidamente dos quatro últimos versos (...) e vagamente dos primeiros (...). Para completar o poema tive que inventar a segunda estrofe, que não saiu hermética como a primeira. (...) Do 'Lutador' eu me lembrava quase integralmente, havia um ou outro claro, que precisei preencher depois de despertado." (*Itinerário de Pasárgada*, de Manuel Bandeira. 3ª ed. Rio de Janeiro: Nova Fronteira; Brasília: INL, 1984, p. 125-126). Bandeira encerra o assunto contando uma curiosa história acerca da gênese do poema "Kubla Kan", de Samuel Taylor Coleridge (1772-1834), considerado por ele uma "*dream-wrought fabric*". No fim do relato, o autor de *Libertinagem* afirma que "interpreta" "Palinódia" e "O lutador" "como se fossem obra alheia" (p. 127).

"O ciclo vita/vício" – o trecho "Inicia-se um tempo/ de novas apostas./ Se duro ou caroável,/ já não lhe importa" parafraseia e dialoga com os seguintes versos de "Consoada", de Manuel Bandeira: "Quando a Indesejada das gentes chegar/ (Não sei se dura ou caroável),/ Talvez eu tenha medo." (*Estrela da vida inteira – poesia completa*, de Manuel Bandeira. 5ª ed. Estabelecimento do texto, bibliografia de e sobre Manuel Bandeira e cronologia, André Seffrin. Rio de Janeiro: Nova Fronteira, 2009, p. 223. Poema publicado, originariamente, no livro *Opus 10*, em 1952).

"Um quadro em branco" – divulgado na revista *Poesia Sempre*, Ano 2, nº 3 (Rio de Janeiro: Fundação Biblioteca Nacional, 1994, p. 174)), sendo Affonso Romano de Sant'Anna e Márcio Souza os editores-chefes. Na referida publicação, devido a um equívoco do revisor do periódico, foi acrescentado, no último verso, um hífen que inexistia no texto original, deturpando, assim, todo o sentido do poema.

"Lifestyle" – publicado, em versão anterior, com o título original de "Prioridade máxima", no jornal *O Menestrel*, Ano III, nº 30 (Amparo: Casa do Poeta, abril de 1989, p. 4), sendo J. Gil Corrêa o editor.

"Ao grave senhor de óculos" – publicado, em versão anterior, na antologia *Poemas cariocas*, organizada por Thereza Christina Rocque da Motta (Rio de Janeiro: Ibis Libris, 2000, p. 108). Posteriormente, foi divulgado, ainda em versão anterior, no jornal Rascunho, Ano 3, n° 34 (Curitiba: Jornal do Estado, fevereiro de 2003, p. 17), sendo Rogério Pereira o editor.

"Um amor" – divulgado na antologia *Poemas de amor*: Shakespeare, Camões, Machado, Florbela, Lorca e outros 115 poetas de ontem e de hoje. Seleção e organização de Walmir Ayala. 2ª ed. revista e atualizada por André Seffrin (Rio de Janeiro: Nova Fronteira, 2021, p. 113).

"Voragens" – soneto publicado, em versão anterior, com o título original de "Mutantes", na revista *Iararana*, n° 4 (Salvador: EPP Publicações e Publicidade, 2000, p. 38), sendo Aleilton Fonseca e Carlos Ribeiro os editores. Nos segundo e terceiro versos do último terceto, constava: "que a morte é a maior de todas as penas:/ seus dedos são ágeis em suas voragens.". Algum tempo depois, por sugestão de Antonio Carlos Secchin, esses versos foram alterados para: "que a morte é a maior de todas as penas,/ com seus dedos ágeis em suas voragens.".

"Doutor Carneiro" – escrito a partir de algumas reportagens veiculadas pela mídia, inclusive a entrevista "A psicanálise da tortura", concedida pelo tenente do Exército Brasileiro e médico psicanalista Amílcar Lobo (1939-1997) aos jornalistas Zuenir Ventura, Jorge Antônio Barros e Susana Schild (*Cultura em trânsito: da repressão à abertura*, de Elio Gaspari, Heloisa Buarque de Hollanda e Zuenir Ventura. Rio de Janeiro: Aeroplano Editora, 2000, p. 289-307). Matéria publicada, originariamente, no *Jornal do Brasil*, em 14/09/1986. Lotado no 1º Batalhão de Polícia do Exército e no DOI-CODI do Rio de Janeiro (1970-1974), um dos mais temidos centros de tortura do país na época, o Doutor Lobo ou "Doutor Carneiro", codinome pelo qual era chamado, foi médico-assistente de torturas realizadas nos porões da ditadura militar. Sua função, nos centros de tortura, era garantir que os presos torturados ainda tivessem condições de aguentar maiores suplícios. Lobo foi denunciado, publicamente, em 1981, pela ex-presa política Inês Etienne Romeu (1942-2015), como um de seus torturadores durante sua passagem pela famosa "Casa da Morte", um centro de tortura e assassinatos criado pelo Exército na cidade de Petrópolis, localizada na Região Serrana Fluminense (RJ). O nome "Pianola Boilesen", citado no poema, refere-se ao apelido de um aparelho de tortura por eletrochoque, importado dos Estados Unidos pelo executivo dinamarquês, radicado no Brasil, Henning Albert Boilesen (1916-1971). Apoiador da repressão estatal às organizações clandestinas de esquerda, durante a ditadura militar brasileira, Boilesen foi morto em 15 de abril de 1971, na cidade de São Paulo, em uma operação conjunta do Movimento Revolucionário Tiradentes (MRT) e da Ação Libertadora Nacional (ALN), como represália por seu envolvimento na tortura de militantes de esquerda. No penúltimo verso do poema, o sobrenome "Stevenson" alude ao escritor escocês Robert Louis Stevenson (1850-1894), autor de vários livros, dentre eles, *The Strange Case of Dr. Jekyll and Mr. Hyde* (em português, *O médico e o monstro*), lançado em 1886.

"Dentro do baú vermelho" – divulgado na coluna "Sinal Verde", organizada pelo poeta Jaime Vieira, em *O Jornal* (Maringá: *circa* 1988-1989). Escrito em torno das políticas reformistas *Perestroika* ("reestruturação", em russo) e *Glasnost* ("transparência"), elaboradas e implementadas, em 1986, pelo governo de Mikhail Gorbatchev, na antiga União Soviética. Enquanto a *Perestroika* consistia em eliminar a centralização econômica instaurada por Lenin (1870-1924), após o fim da Revolução Russa, em 1917, a *Glasnost* objetivava aproximar a população das decisões do *Politburo* (Comitê Central do Partido Comunista da URSS). Essas duas políticas fracassaram e, em dezembro de 1991 (dois anos depois da queda do Muro de Berlim e um ano após a reunificação da Alemanha, ocorrida em outubro de 1990), em meio a uma grave crise política interna, liderada, principalmente, pelo ex-aliado Boris Yeltsin (1931-2007), e pressionado pela eclosão de diversas rebeliões de várias repúblicas que haviam sido anexadas à União Soviética, como Estônia, Lituânia e Letônia, Gorbatchev, já bastante impopular, anunciou o fim da URSS e renunciou ao cargo de Secretário-Geral do Partido Comunista.

"Das uvas chinesas só restaram os caroços" – publicado, em versão anterior, na *Antologia da nova poesia brasileira* (Rio de Janeiro: Fundação Rio/Rio Arte; Editora Hipocampo, 1992, p. 263), organizada por Olga Savary (1933-2020). Na referida edição, não constou a dedicatória à autora de *Espelho provisório*, inserida no texto, especialmente, para o presente volume. Poema escrito a partir do trágico episódio que ficou conhecido como "Massacre da Praça da Paz Celestial", no qual cerca de 5 mil manifestantes, liderados por estudantes que lutavam pelo fim da ditadura do Partido Comunista chinês, ocuparam a praça de Tian'anmen (em português, Praça da Paz Celestial), na capital Pequim, mas foram duramente reprimidos pelo Exército Popular de Libertação, entre os dias 3 e 4 de junho de 1989. As estimativas das mortes de civis variam muito: de 400 a 800, segundo o *The New York Times*, a 2.600, de acordo com a Cruz Vermelha chinesa. Recentemente, por sugestão de Adriano Espínola, a expressão "De resto", que abria o segundo verso da primeira e da segunda estrofe, foi substituída pela expressão "Mais cedo".

"Here comes the sun king" – o título do poema é uma citação do primeiro verso da canção "Sun king", composta por John Lennon (1940-1980), mas creditada à dupla Lennon-McCartney. Inicialmente, o título da canção era "Here comes the sun king", mas foi encurtado com o objetivo de não causar confusão com outra música do disco, "Here comes the sun", de George Harrison (1943-2001). "Sun king" é a quarta canção do Lado B, do álbum *Abbey Road* (1969), último trabalho da banda britânica The Beatles.

"Resposta a Thomas Morus:" – refere-se a *Libellus vere aureus, nec minus salutaris quam festivus, de optimo rei publicae statu deque nova insula Utopia* (título original em latim da obra *Um pequeno livro verdadeiramente dourado, não menos benéfico que entretedor, do melhor estado de uma república e da nova ilha Utopia*), mais conhecido, simplesmente, como *Utopia*, livro publicado em 1516, por Thomas Morus (1478-1535), nome latinizado do político, humanista e diplomata inglês Thomas More. *Utopia*, principal obra literária de Morus, tem seu título formado pelos termos gregos *ou-* (advérbio de negação) e *tópos* (lugar), *i.e.*, um "não lugar", um lugar inexistente. No livro, Utopia é uma ilha imaginária onde vive uma sociedade perfeita, governada por políticos preparados, com o objetivo de proporcionar ótimas condições de vida para toda a população.

"Cantilena do agora" – divulgado, em versão anterior, no jornal *Poesia etc.* – ano 1 – nº 5 (Rio de Janeiro: Edições Poesia etc., outubro de 1998, p. 5), sendo Emil de Castro e Pedro Macário (1935-2009) os editores. Posteriormente, o texto foi publicado, ainda em versão anterior, na revista Iararana, nº 4 (Salvador: EPP Publicações e Publicidade, 2000, p. 38), sendo Aleilton Fonseca e Carlos Ribeiro os editores.

"Coreografites" – a seção resulta das experiências que fiz, no campo do poema visual, juntamente com Felipe Chalfun (1972-2021), em meados da década de 1990. O neologismo "coreografite" é uma junção das palavras "coreografia" e "grafite". Sempre imaginei os poemas visuais como espécies de grafites inscritos nos muros, virtuais ou não. E, como o grafite é movediço (aliás, como a arte contemporânea, em geral), na medida em que se movimenta de acordo com o que vai acontecendo ao seu redor, isso me levou à ideia de uma coreografia – no caso, a coreografia do grafite. Os cinco poemas dessa seção possuem características da Pop Art (ou Popismo, como dizia Andy Warhol), e foram criados a partir das leituras feitas por mim, na época, do trabalho de nomes como Edgard Braga (1897-1985), Augusto de Campos, Haroldo de Campos (1929-2003), Décio Pignatari (1927-2012), Wlademir

Dias-Pino (1927-2018), Affonso Ávila (1928-2012), Antonio Miranda, Hugo Pontes, Paulo Leminski (1944-1989), Régis Bonvicino, Arnaldo Antunes, Gilberto Mendonça Teles e Antonio Risério.

"Come una vergine" – o título do poema é uma citação, em italiano, de "Like a virgin", canção composta por Billy Steinberg e Tom Kelly, gravada pela cantora Madonna e lançada, no fim de 1984, como primeiro *single* do álbum homônimo da artista norte-americana. Essa música é considerada a *signature song* da cantora. A tradução do título do poema para o italiano é uma referência dupla: à nacionalidade da Gioconda, de Leonardo da Vinci, e à origem da família Ciccone (proveniente da comuna italiana de Pacentro), já que a "Rainha do Pop" recebeu, como nome de batismo, Madonna Louise Veronica Ciccone, o qual é citado, parcialmente, no último verso de "Come una vergine". No subtítulo do poema, há a citação do verso "se eu não te amasse tanto assim", homônimo do título da canção composta por Herbert Vianna e Paulo Sérgio Valle, gravada pela cantora Ivete Sangalo e lançada em seu primeiro álbum de estúdio, em maio de 2000. Como "Like a virgin", "Se eu não te amasse tanto assim" é uma "canção assinatura" romântica da cantora baiana. Na segunda estrofe de "Come una vergine", o segundo verso, "me peroniza", refere-se a Eva Perón (1919-1952), ou simplesmente Evita, atriz e primeira-dama argentina no primeiro governo de seu marido, o presidente Juan Domingo Perón (1946-1952). No cinema, Evita foi interpretada por Madonna, em 1996.

"Encontros notáveis" – o poema apresenta um trecho de um "desafio" ("repente") ou *slam* ("batalha das letras") imaginário entre Luís de Camões (1524-1580) e William Shakespeare (1564-1616), contemporâneos na História, embora o autor de *Os Lusíadas* fosse 40 anos mais velho que o bardo inglês. Considerados, ambos, os maiores poetas de seus respectivos países, em "Encontros notáveis" a língua pela qual se expressam é, exclusivamente, a portuguesa. A fala de Camões é uma transcrição, levemente alterada, dos dísticos finais da cantiga nº 21, das *Rimas*: "Vede em que fogo ferve/ O triste, que a Amor serve." (*Obra completa*, de Luís de Camões. 3ª impr. da 1ª ed. Organização, introdução, comentários e anotações de António Salgado Júnior. Rio de Janeiro: Nova Aguilar, 2005, p. 458). Originariamente, os versos são em redondilha maior (sete sílabas métricas), mas, na fala camoniana, acrescentei o adjetivo "tormentoso" ao primeiro verso e o advérbio "ainda" ao segundo, tornando-os decassilábicos. O objetivo dessas mudanças foi o de igualar a métrica e o ritmo aos dísticos finais do Soneto nº 38, de Shakespeare: "Se a minha Musa a um tempo inane serve,/ O esforço é meu, porém é tua a verve." (*Sonetos*, de Shakespeare. 2ª ed. Tradução e notas de Jorge Wanderley. Rio de Janeiro: Civilização Brasileira, 1994, p. 107). O retrato de Luís de Camões, originariamente, é da autoria de Alfredo Roque Gameiro (1864-1935), pintor e ilustrador português, especialista em aquarelas. Serviu como ilustração para uma edição portuguesa de *Os Lusíadas*, lançada em 1900. O retrato de William Shakespeare, originariamente, é um óleo sobre tela intitulado "Retrato de Chandos", uma vez que James Brydges, 3º Duque de Chandos, foi um de seus primeiros proprietários. Pintado por volta de 1610, é de autoria desconhecida.

"Elegia patética no verão de 95" – o primeiro verso do poema ("Não temos saída: suportemos a vida") é uma citação do poema "Clec", de Jaime Vieira (*Asas*, de Jaime Vieira. 2ª ed. São Paulo: EDICON, 1989, p. 44). Quanto a Dom Bosco (mencionado na segunda estrofe da terceira parte do poema), nascido Giovanni Melchior Bosco (1815-1888), foi um sacerdote católico italiano, proclamado santo em 1934, pelo papa Pio XI. Fundador, em 1859, da Pia Sociedade de São Francisco de Sales (mais conhecida como congregação salesiana ou congregação dos salesianos), Dom Bosco, frequentemente, tinha sonhos proféticos. Ao longo do século XX, teve seu nome e sua popularidade usados por vários políticos, a exemplo dos italianos Benito Mussolini e Silvio Berlusconi. Não por acaso, o santo é padroeiro de Brasília. Acredita-se que a construção da capital federal do Brasil foi prevista num sonho, em 1883, assim descrito pelo religioso: "Entre os paralelos 15 e 20 graus havia uma sinuosidade bem longa e larga, que partia de um ponto onde se formava um lago. Então uma voz disse repetidamente que, quando fossem escavadas as minas escondidas entre esses montes (os da sinuosidade), apareceria então a Terra Prometida, cheia de leite e mel, e haveria ali uma riqueza inconcebível." ("Dom Bosco", quarto capítulo do livro *Os grandes profetas*, de Renzo Baschera. Trad. Alberto Gambirasio. São Paulo: Editora Nova Cultural, 1985, p. 110). De fato, Brasília está localizada, precisamente, entre os paralelos 15 e 16. Quanto à "riqueza inconcebível", a capital federal possui a maior desigualdade de renda entre as capitais brasileiras, fato que certamente contribuiu para que ela tenha se tornado uma das grandes cidades em que mais se registram homicídios, para cada grupo de 100 mil habitantes.

"Verão indene no Recreio do Rio" – a sexta estrofe do poema, formada pelo dístico "Os inocentes, não só no Leblon,/ estão por toda parte", dialoga com os seguintes versos do poema "Inocentes do Leblon", de Carlos Drummond de Andrade: "Os inocentes do Leblon não viram o navio entrar./ (...) / Os inocentes, definitivamente inocentes, tudo ignoram,/ mas a areia é quente, e há um óleo suave/ que eles passam nas costas, e esquecem." (*Poesia completa*, de Carlos Drummond de Andrade. Fixação de textos e notas de Gilberto Mendonça Teles. Rio de Janeiro: Nova Aguilar, 2002, p. 75. Poema publicado, originariamente, no livro *Sentimento do mundo*, em em 1940). Há um diálogo, ainda, com os seguintes versos da canção "Virgem", escritos por Antonio Cicero: "Os inocentes do Leblon,/ Esses nem sabem de você/ Nem vão querer saber/ E o farol da ilha só gira agora/ Por outros olhos e armadilhas:/ O farol da ilha procura agora/ Outros olhos e armadilhas." (*Guardar*, de Antonio Cicero. Rio de Janeiro: Record, 1996, p. 75).

"Obituário do verde" – escrito a partir de uma entrevista exclusiva que fiz com Tom Jobim (1927-1994), para o *Jornal de Letras*, em abril de 1992. Na ocasião, perguntei ao compositor de "Chovendo na roseira" sobre a sua relação com a natureza e a importância de preservá-la, ao que ele respondeu: "(...) É preciso defender, preservar a pouca porção de verde que ainda nos resta. Antigamente, o homem vivia nas árvores. Depois, quando desceu das árvores, começou a cortá-las. A natureza humana é eminentemente predatória. (...)" ("Meu coração é verde e rosa". *Jornal de Letras*, Ano 42, nº 470. Rio de Janeiro: 1992, p. 3). Achei surpreendente a observação de Jobim sobre a inconsequência humana de viver nas árvores, abandoná-las e em seguida cortá-las, em razão da natureza destrutiva da nossa espécie. Essas frases não me saíam da cabeça. Impactado, resolvi escrever um poema que tratasse do assunto, a partir dessas declarações. Comecei com este verso: "Na Antiguidade, o homem vivia nas árvores". Decidi, então, intercalar o verso com notícias de ataques pontuais à natureza, e fechar o poema assim: "O homem é o único animal que desceu das árvores e começou a cortá-las". O contraste me pareceu eficiente. Aproximo o texto à linhagem dos poemas criados a partir de matérias jornalísticas, tais como: "Poema tirado de uma notícia de jornal" e "Tragédia brasileira", de Manuel Bandeira; "Desaparecimento de Luísa Porto", de Carlos Drummond de Andrade; "O bombeiro", de Lêdo Ivo, ou "Vestibular" e "Notícia da morte de Alberto da Silva", de Ferreira Gullar (1930-2016). Contudo, logo percebi que havia criado um *poema inconcluso e infindável*, uma vez que o texto necessitaria de uma atualização permanente, justamente por causa da "natureza humana eminentemente predatória". Assim nasceu o subtítulo "Poema em Progresso ou Poema Contínuo", numa alusão ao *"work in progress"* de James Joyce (1882-1941) e ao "poema contínuo" de Herberto Helder (1930-2015). Quanto às dedicatórias a Tom

Jobim e ao pintor, escultor e ativista ecológico Franz Krajcberg (1921-2017), polonês naturalizado brasileiro, foram motivadas, no caso de Jobim, pela curiosa e instigante declaração, conforme expliquei anteriormente, bem como por este inspirado e tocante pensamento do compositor de "Wave": "Toda vez que uma árvore é cortada aqui na Terra, eu acredito que ela cresça outra vez em outro lugar – em algum outro mundo. Então, quando eu morrer, este é o lugar para onde quero ir. Onde as florestas vivam em paz." (*Antonio Carlos Jobim: um homem iluminado*, de Helena Jobim. Rio de Janeiro: Nova Fronteira, 1996, p. 11). Com relação a Krajcberg, que também me concedeu uma entrevista exclusiva, para o caderno "Bis", do jornal *Tribuna da Imprensa* ("O reinventor da natureza". Rio de Janeiro: 3 de novembro de 2000), fiquei impressionado pela sua decisão de viver no sul da Bahia, numa casa construída por ele mesmo (com a ajuda do amigo e arquiteto Zanine Caldas), a 7 metros do chão, no alto de um tronco de pequi, com 2,60 metros de diâmetro. Por fim, incluí, mais recentemente, o nome do cacique Raoni Metuktire na dedicatória do poema, devido ao seu incansável e admirável ativismo ecológico e humanista, em prol da preservação da Amazônia e dos povos indígenas. Líder indígena brasileiro da etnia Caiapó, Raoni nasceu no estado do Mato Grosso, no início da década de 1930. Em 1987, depois de um famoso encontro com o cantor Sting, no Parque Indígena do Xingu, Raoni alcançou notoriedade internacional. No ano seguinte, participou com Sting, em São Paulo, de uma conferência de imprensa da turnê *Human Rights Now!*, da Anistia Internacional. O evento resultou na fundação da Rainforest Foundation, empreendida por Sting, sua esposa, Trudie Styler, e o cineasta belga Jean-Pierre Dutilleux. A ONG foi criada para sustentar os projetos de Raoni. Dentre eles, a maior prioridade era a demarcação dos territórios caiapós, que estavam sendo ameaçados por invasões de terras de colonos. A grande turnê que Raoni realizou com Sting, em 17 países, de abril a junho de 1989, lhe permitiu divulgar sua mensagem em escala planetária. Doze fundações Floresta Verde foram criadas no mundo, com o objetivo de recolher fundos para ajudar na criação de um parque nacional na região do Rio Xingu, na Amazônia, com uma superfície de, aproximadamente, 180.000 km². Em 1993, o parque foi homologado. Está situado nos estados do Mato Grosso e do Pará. Constitui, hoje, a maior reserva de florestas tropicais do planeta.

"Jocasta hiante" – escrito a partir da tragédia grega *Édipo rei* (*circa* 427 a.C.), de Sófocles (*circa* 497 a.C. - 406 a.C.), primeira parte de uma trilogia que inclui, ainda, *Antígona* (*circa* 442 a.C.) e *Édipo em Colono* (*circa* 407 a.C.). "Jocasta hiante" também dialoga com o poema "Hiante", de Jorge Wanderley (1938-1999), pertencente ao livro *Manias de agora* (Rio de Janeiro: Topbooks, 1995, p. 27), e com a canção "The end", composta por Jim Morrison (1943-1971), líder da banda norte-americana The Doors. "The end" é a quinta e última música do Lado B, do álbum *The Doors* (1967), disco de estreia do grupo. O verso "Abre as pernas, mulher, que o tempo é quando" ecoa o verso "– Meu tempo é quando", que encerra o poema "Poética", de Vinicius de Moraes (*Poesia completa e prosa*: volume único, de Vinicius de Moraes. 4ª edição. Organização de Eucanaã Ferraz. Rio de Janeiro: Nova Aguilar, 2004, p. 416. Poema publicado, originariamente, no livro *Antologia poética*, em 1954).

"Descoberta" – a epígrafe é uma citação da primeira estrofe da canção "Falso amor sincero", composta e gravada por Nelson Sargento. "Falso amor sincero" é a 12ª música do disco *Versátil* (2008), do sambista carioca.

"Trovar só" – o título do poema dialoga com o vocábulo *trobar*, oriundo do lirismo galaico-português medieval, e significa "fazer trovas" ou "compor cantigas", *i.e.*, toda espécie de poema que unia letra e música. A partir do século XVI, com a desvinculação ocorrida entre as palavras e a pauta musical, o vocábulo "trova" passou a significar "quadra" ou "quarteto", *i.e.*, uma estrofe formada por quatro versos, que, ainda na Idade Média, veio a se tornar autônoma e acabou se fixando como poema. Devido à sua brevidade e singeleza, a trova remete ao haicai japonês, e, pela feição em geral sentenciosa, também evoca o soneto. O quarto verso funciona como um fecho de ouro e encerra a conclusão do pensamento enunciado nos versos anteriores. O vocábulo "só", no poema, remete ao chamado "vício solitário" (prática da masturbação).

"Ode à Boca-do-Corpo" – escrito a partir de uma matéria do caderno "Mais!", do jornal *Folha de São Paulo*, publicada em 20 de julho de 1997, intitulada "A lírica da chama", em que, a convite do referido periódico, 15 poetas brasileiros contemporâneos escreveram poemas sobre a vulva. Não fui um dos convidados, mas, ainda assim, resolvi dar minha contribuição ao tema. Quanto à expressão *boca-do-corpo*, encontrei-a nos seguintes trechos do "romancinho" (conforme definição do próprio autor) *A descoberta da América pelos turcos* (1994), do escritor baiano Jorge Amado (1912-2001): "Ademais deve-se levar em conta que certas mulheres feias são irresistíveis. Elas têm seus mistérios, conforme explicara Raduan Murad ao ouvir, certa feita, a extravagância de Salim Hadad (...). Casado com uma prima, Yasmina, pedaço de mulher, (...) vivia metido com (...) Silvinha, cara de defluxo, bunda chulada, peitos de muxiba, uma catraia. Gastava um dinheirão com ela, como explicar tal absurdo? (...) – Ela tem seus mistérios, meu Jamil. Uma criatura pode ser feia de aparência, pior de formas, mas se a boca-do-corpo for de chupeta trata-se de diamante puro, incomparável. (...) Quem sabe, Adma seria uma dessas privilegiadas, xoxota divina, de chupeta? (...) Ali mesmo em Itaguassu havia o exemplo de Laurinha, (...) nenhuma se lhe comparava, xibiu apertado de menina virgem, boca-do-corpo a chupitar." (Rio de Janeiro: Record, 1994, p. 128-129). Concluído o poema, alguns anos mais tarde reencontrei, por acaso, a mesma expressão, sem os hífens, num dos trechos iniciais do *Poema sujo* (1976), de Ferreira Gullar: "(...) tua gengiva igual a tua bocetinha que parecia sorrir entre as folhas de/ banana entre os cheiros de flor e bosta de porco aberta como uma boca/ do corpo (não como a tua boca de palavras) como uma entrada para/ eu não sabia tu/ não sabias/ fazer girar a vida/ com seu montão de estrelas e oceano/ entrando-nos em ti" (*Toda poesia*, de Ferreira Gullar. 21ª edição, revista e ampliada. Rio de Janeiro: José Olympio, 2015, p. 283).

"Canção de segredo e sigilo" – divulgado, em versão anterior, na revista *Poesia Sempre*, Ano 13, nº 22 (Rio de Janeiro: Fundação Biblioteca Nacional, 2006, p. 111), sendo Marco Lucchesi o editor. Poema escrito na década de 1990, a partir de uma curiosa encomenda, feita pela poeta Olga Savary: uma revista francesa estava organizando um número especial, composto por poemas que mencionassem as palavras "segredo" ou "sigilo". Decidi, então, escrever um poema que contivesse os dois termos. Concluí o texto e o enviei a Olga, mas a revista acabou não sendo publicada.

"Itinerário de um poeta" e "Canção do velho poeta e da trajetória do medo" – publicados, em versões anteriores, no jornal *Letras & Artes*, Ano 13, nº 22 (Rio de Janeiro: Rio Arte/Fundação Rio, 1990, p. 9), sendo Carlos Emílio Corrêa Lima o coordenador editorial.

"Castro Aves por ele mesmo" – poema-bricolagem criado a partir de trechos da biografia do autor de "Vozes d'África", *Vida de Castro Alves* (3ª ed. Rio de Janeiro: Topbooks. Salvador: Universidade Católica de Salvador; Academia de Letras da Bahia, 1997), escrita por Xavier Marques (1861-1942). O formato do texto poético é de um haicai, composto, sequencialmente, por um verso decassílabo e dois dodecassílabos. O primeiro verso, "Em mim a preguiça é proverbial", foi retirado do seguinte trecho de uma carta de Castro Alves (1847-1871), escrita para o amigo Regueira Costa

(1845-1915), em 27 de junho de 1867: "(...) Eis o que há – por alto. Vive-se aqui de poesia, música, teatro, discussões literárias, etc., etc. (...) Manda-me novas dos meus amigos, dos camaradas, e de todos que se lembram ainda de mim. (...) Enfim escreve-me largamente. Em mim a preguiça é proverbial, mas em ti, magno criminalista, judicioso jurisconsulto!... em ti... não, é um absurdo. Eu sou um Lazzarone, tu és um Troplong... Sê pois *trop long*." (p. 154). Já o segundo verso, "Escrevo-te para dizer que não te escrevo", consta do seguinte trecho de outra carta de Castro Alves, dessa vez escrita para o amigo Augusto Guimarães, em 24 de fevereiro de 1868: "(...) Esta carta não é mais do que uma prevenção. Sim. Escrevo-te para dizer que não te escrevo. Isto está *Tubiático*... Enfim, clarifiquemo-nos (...) 1º – Sou preguiçoso. (Isto é velho). 2º – Para escrever-te tudo o que comigo se tem dado é preciso uma longa carta. 3º – Uma longa carta muitas vezes repetida são muitas longas cartas. (...) Tira daí a conclusão e verás que para não desmentir o artigo 1º eu não devia escrever muitas *longas cartas*." (p. 157-158). Quanto ao terceiro verso, "Será possível, meu Deus, ainda um dia de dor?", teria sido, segundo o depoimento da irmã do poeta baiano, D. Adelaide Guimarães (1854-1940), um suspiro desesperado, pronunciado na noite da véspera de sua morte, ao perceber que era meia-noite e ainda enfrentaria mais um dia pela frente (p. 149). De fato, Castro Alves veio a falecer algumas horas depois: às 15h30min, do dia 6 julho de 1871, aos 24 anos de idade.

"Aboio" – divulgado na revista *Poesia para Todos*, Ano V, nº 6 (Rio de Janeiro: Edições Galo Branco, 2004, p. 54), sendo Waldir Ribeiro do Val o editor. Parceria póstuma com João Cabral de Melo Neto. Poema escrito a partir de uma entrevista exclusiva, concedida pelo autor de *Morte e vida severina* aos *Cadernos de Literatura* Brasileira, em seu número de estreia (São Paulo: Instituto Moreira Salles, 1996). Conduziram a entrevista os responsáveis pelo periódico, os editores Antonio Fernando De Franceschi e Rinaldo Gama. Houve a participação, ainda, dos críticos João Alexandre Barbosa (1937-2006), Luiz Costa Lima, Benedito Nunes (1929-2011) e Alfredo Bosi (1936-2021), além do bibliófilo José Mindlin (1914-2010) e da esposa de João Cabral, a poeta Marly de Oliveira (1935-2007), que o auxiliou nas respostas. Foi Marly a autora da pergunta mais curiosa da entrevista, que motivou seu marido a falar sobre um sistema próprio e inusitado, inventado e utilizado por ele, para classificar poetas e escritores. Ao ser perguntado sobre a origem desse "sistema" (o qual surgiu a partir da principal diferença entre os carros de boi de Pernambuco e os do Estado do Rio de Janeiro), Cabral respondeu: "Quem me falou dessa diferença foi meu tio-avô Diogo Cabral de Melo (...).

Um dia ele me disse: 'Em Pernambuco os carros de boi são puxados por duas juntas de boi e no Rio são puxados por três juntas'. Pensei então em escrever um poema que falasse de 'boi de coice' e 'boi de cambão'. Os bois de cambão são os que puxam o carro, os bois de coice são os que o freiam, quando ele está descendo uma ladeira. Eu pensava num poema que fosse uma tipologia geral. Por exemplo, Manuel Bandeira é um boi de cambão, o Schmidt é um legítimo boi de coice. (...) Não há superioridade de um sobre o outro. É uma questão de tipologia." (p. 23). E citou, em seguida, vários nomes de poetas e escritores, brasileiros e estrangeiros, que se encaixam numa ou noutra classificação. Baseado nos exemplos do poeta, resolvi escrever o poema que ele não quis ou não conseguiu concluir. Ao compor "Aboio", praticamente transcrevi, com mínimas alterações de redação, a maior parte dos nomes citados e classificados por Cabral. Somente os quatro últimos versos do poema são meus, integralmente. No segundo verso da quinta estrofe de "A um itabirano, com amor", há uma menção à "palavra essencial", termo extraído do primeiro verso, homônimo do poema "Amor – pois que é palavra essencial", também de Drummond (*Poesia completa*, de Carlos Drummond de Andrade. Fixação de textos e notas de Gilberto Mendonça Teles. Rio de Janeiro: Nova Aguilar, 2002, p. 1395. Poema publicado, originariamente, no livro *O amor natural*, em 1992).

"A um itabirano, com amor" – publicado no caderno "Cultural", do jornal *A Tarde* (Salvador: 2 de novembro de 2002, p. 10), sendo Florisvaldo Mattos o editor. Posteriormente, foi divulgado na revista *.doc*, ano VIII, nº 3 (Rio de Janeiro: Edição de Eduardo Guerreiro B. Losso e André Luiz Pinto, 2007, p. 25). Escrito em meio às comemorações do centenário de nascimento de Carlos Drummond de Andrade. O título é uma paráfrase do título do poema drummondiano "A um bruxo, com amor", que homenageia Machado de Assis (1839-1908) e pertence ao livro *A vida passada a limpo*, o qual foi editado, pela primeira vez, em *Poemas* (1959). O esquema rímico de "A um itabirano, com amor" é o da *terza rima*, criado e utilizado por Dante Alighieri (1265-1321) em sua obra máxima, *A divina comédia* (1317-1321). Os dois primeiros versos, "E como eu percorresse atentamente/ uma obra de Minas, majestosa", parafraseiam os dois primeiros do poema "A máquina do mundo" (também em tercetos isométricos, embora brancos), de Drummond: "E como eu palmilhasse vagamente/ uma estrada de Minas, pedregosa" (*Poesia completa*, de Carlos Drummond de Andrade. Fixação de textos e notas de Gilberto Mendonça Teles. Rio de Janeiro: Nova Aguilar, 2002, p. 301. Poema publicado, originariamente, no livro *Claro enigma*, em 1951). No segundo verso da quinta estrofe de "A um itabirano, com amor", há uma menção à "palavra essencial", termo extraído do primeiro verso, homônimo do poema "Amor – pois que é palavra essencial", também de Drummond (*Poesia completa*, de Carlos Drummond de Andrade. Fixação de textos e notas de Gilberto Mendonça Teles. Rio de Janeiro: Nova Aguilar, 2002, p. 1395. Poema publicado, originariamente, no livro *O amor natural*, em 1992).

"Como o espírito consequente de Ana Cristina Cesar" – divulgado, em versão anterior, na revista *Poesia para Todos*, Ano V, nº 6 (Rio de Janeiro: Edições Galo Branco, 2004, p. 54), sendo Waldir Ribeiro do Val o editor.

"Anotações para um quase poema de Mario Quintana" – publicado na revista *.doc*, ano 1, nº 1 (Rio de Janeiro: Edição de André Luiz Pinto e Édison Veoca, 2000, p. 37). Quatro anos mais tarde, foi divulgado na revista *Poesia para Todos*, Ano V, nº 6 (Rio de Janeiro: Edições Galo Branco, 2004, p. 54), sendo Waldir Ribeiro do Val o editor. Em 2007, integrou um texto que escrevi, híbrido de artigo, crônica e entrevista, por ocasião do centenário de nascimento do poeta gaúcho (1906-1994) ("Centenário de Mario Quintana: o poeta, o poema, a obra e a entrevista". In: *Revista Brasileira*. Fase VII. Ano XIII. Número 50. Rio de Janeiro: Academia Brasileira de Letras, 2007, p. 201-212). "Anotações para um quase poema de Mario Quintana" foi escrito a partir da exposição "A cor do invisível – vida e poesia de Mario Quintana", inaugurada no Centro Cultural Banco do Brasil, no Rio de Janeiro (CCBB-RJ), em maio de 1997. Organizado pela *designer* Gisela Magalhães, que contou com a participação direta da pesquisadora Eloí Calage e da atriz, sobrinha-neta e herdeira do poeta, Elena Quintana (1955-2019), o evento atraiu milhares de pessoas e apresentou ao grande público facetas até então pouco conhecidas da insólita personalidade de Mario: amante, desde a infância, da poesia do português António Nobre (1867-1900); simpatizante das ciências esotéricas, tendo feito, inclusive, um mapa astral; admirador da atriz Greta Garbo (1905-1990), tal como o foi Carlos Drummond de Andrade; da música de Gustav Mahler (1860-1911) e da pintura de Hieronymus Bosch (*circa* 1450-1516). Quintana deixou a seguinte mensagem num caderno de anotações, posteriormente encontrado por sua sobrinha e exibido na exposição: "Sugestão para um epitáfio: Eu não estou aqui". No mesmo caderno, havia um recorte de uma propaganda de uma planta medicinal, a Pfaffia paniculata, que, segundo o anúncio, "curava males do corpo e do espírito". O poeta guardara o recorte porque ficara impressionado com a sonoridade e a estranheza contidos no nome da erva. Pretendia escrever um poema sobre isso, mas não houve tempo. Essa revelação tocou-me, e saí da exposição decidido a escrever o poema que Mario Quintana quase fizera.

"Nonada" – publicado, em versão anterior, no jornal *Poesia etc.* – ano 1 – n° 5 (Rio de Janeiro: Edições Poesia etc., outubro de 1998, p. 5), sendo Emil de Castro e Pedro Macário (1935-2009) os editores. Seis anos depois, uma nova divulgação foi feita na revista *Poesia para Todos*, Ano V, n° 6 (Rio de Janeiro: Edições Galo Branco, 2004, p. 54), sendo Waldir Ribeiro do Val o editor. Poema escrito a partir da obra de João Guimarães Rosa (1908-1967). No décimo primeiro verso, há uma citação do título do livro póstumo *Estas estórias* (1969), do escritor mineiro. A palavra "Nonada" tem sua origem etimológica, provavelmente, na soma de *no*, redução do latim *non* ("não"), e "nada", de *natam*, acusativo de *nata*, "nada", que passou a designar ninharia ou coisa insignificante, por meio do cruzamento de duas expressões latinas: "*homines nati non fecerunt*" ("Homens nascidos não fizeram") e "*rem natam non fecit*" ("Não fiz coisa nascida", *i.e.*, "Não fiz nada"). Na língua espanhola, já a partir do ano de 1074, há registro do vocábulo "nada" com o significado de "coisa nenhuma". Também com o mesmo sentido, o primeiro registro escrito de "nonada" ocorre em 1562, nos *Sermões* (1603-1615), de Diogo de Paiva Andrade (1528-1575). "Nonada" é a primeira palavra de *Grande Sertão: Veredas*, obra-prima de Guimarães Rosa: "– Nonada. Tiros que o senhor ouviu foram de briga de homem não, Deus esteja. Alvejei mira em árvore no quintal, no baixo do córrego. Por meu acerto. Todo dia isso faço, gosto; desde mal em minha mocidade. Daí, vieram me chamar." (*Grande sertão: veredas*, de João Guimarães Rosa. 1ª ed. Rio de Janeiro: Livraria José Olympio Editora, 1956, p. 9). A história é contada pelo personagem Riobaldo, um jagunço letrado, uma espécie de cangaceiro aposentado. No décimo primeiro verso de "Nonada", também há uma citação do título do livro póstumo Estas estórias (1969), de Guimarães Rosa.

"O trabalho das nuvens 2" – divulgado na revista *Poesia para Todos*, Ano V, n° 6 (Rio de Janeiro: Edições Galo Branco, 2004, p. 54), sendo Waldir Ribeiro do Val o editor. O número 2 foi acrescentado ao título, devido à existência do poema "O trabalho das nuvens", de Ferreira Gullar, pertencente ao livro *A luta corporal* (1954), do autor maranhense.

"JCMN" – publicado, em versão anterior, na antologia *Poemas cariocas*, organizada por Thereza Christina Rocque da Motta (Rio de Janeiro: Ibis Libris, 2000, p. 109). A epígrafe é uma citação da frase que encerra o ensaio "João

Cabral: obra, vida e morte", de Antonio Carlos Secchin (In: *Escritos sobre poesia & alguma ficção*, de Antonio Carlos Secchin. Rio de Janeiro: EdUERJ, 2003, p. 193). Poema escrito no dia da morte de João Cabral de Melo Neto, ocorrida em 9 de outubro de 1999, a exatos três meses do dia em que o poeta pernambucano completaria 80 anos de idade. O texto anterior a este, "Viagem à terra cabralina", elaborado no início de 1988, ainda sob o forte impacto da leitura da poesia reunida do autor, compara a descoberta de sua obra poética à "viagem do achamento" da *terra brasilis*, uma vez que a leitura da poesia cabralina representou, para mim, um "divisor de águas" na minha formação poética.

"Nova carta de intenções" – o antepenúltimo verso do poema ("com sabor, empenho e sorte") é uma paráfrase do verso camoniano "Aqui falta saber, engenho e arte", pertencente ao "Soneto nº 33" (*Obra completa*, de Luís de Camões. 3ª impr. da 1ª ed. Organização, introdução, comentários e anotações de António Salgado Júnior. Rio de Janeiro: Nova Aguilar, 2005, p. 280).

"Registro" – divulgado na revista *Iararana*, nº 13 (Salvador: EPP Publicações e Publicidade, 2007, p. 93, sendo Aleilton Fonseca, Carlos Ribeiro e José Inácio Vieira de Melo os editores), no aludido dossiê literário bilíngue (português/italiano).

"Pentalogia Dialogal" – seção de cinco poemas que dialogam entre si e com o atual momento político-social brasileiro. Os textos relacionados abaixo foram escritos entre 2017 e 2019, e publicados em *Mallarmargens – revista de poesia e arte contemporânea*, volume 8, nº 10, em 14 de fevereiro de 2020 (http://www.mallarmargens.com/2020/02/pentalogia-dialogal-5-poemas-do-livro.html?q=pentalogia+dialogal), sendo Nuno Rau, Alexandre Guarnieri, Mar Becker e Amanda Vital os editores.

"O processo: (a)fundamentos de uma sentença ou questão de (falta de) princípio(s)" – escrito a partir da polêmica decisão judicial, de 12 de julho de 2017, do então juiz federal Sergio Moro, que, baseado apenas em indícios, condenou criminalmente o ex-presidente da República, Luiz Inácio Lula da Silva, a 9 anos e 6 meses de prisão, por lavagem de dinheiro e corrupção passiva, em uma ação penal que envolveu um apartamento tríplex no Guarujá (SP). Apresentado o devido recurso pela defesa do réu, a sentença de 1ª instância foi confirmada, por unanimidade, pelo Tribunal Regional Federal da 4ª Região (TRF 4), em 6 de fevereiro de 2018 (tendo havido, inclusive, o aumento da pena para 12 anos e 1 mês), neste que foi o processo de trâmite mais rápido da história da Justiça Federal brasileira, tendo sido julgado em duas instâncias em tempo recorde, com o intuito claro de impedir a participação de Lula na eleição presidencial de 2018. Na ocasião, juristas nacionais e estrangeiros de renome chamaram atenção para o fato de que, para haver condenação por corrupção passiva, é preciso que haja algum "ato de ofício" praticado pelo acusado, o que não ficou provado nos autos. Por outro lado, todo réu, segundo a ampla maioria dos juristas, só pode ser condenado com base apenas em indícios, e não em provas, caso esses indícios sejam contundentes, firmes, convincentes, algo que não se viu no processo do ex-presidente. Isto porque, no Brasil, vigora o princípio da presunção da inocência (*in dubio pro reo*, expressão latina que significa que, em caso de dúvida, a exemplo da insuficiência de provas, o réu deve ser absolvido), algo que também não foi observado no processo em que Lula foi condenado. Portanto, a sentença de Sergio Moro, confirmada pelo TRF 4, "reescreveu" esse secular princípio latino. Não por acaso, quase dois anos depois, em 9 de junho de 2019, o periódico virtual *The Intercept Brasil*, dirigido pelo jornalista norte-americano Glenn Greenwald, divulgou várias conversas, realizadas através do aplicativo Telegram, entre o então juiz Sergio Moro e o procurador da República Deltan Dallagnol, além de outros integrantes da força-tarefa da Operação Lava Jato. As transcrições indicaram que Moro, durante toda a instrução processual, cedeu informação privilegiada à acusação, auxiliando o Ministério Público Federal a construir casos, além de orientar a procuradoria (leia-se Deltan Dallagnol, coordenador da força-tarefa da Lava Jato), sugerindo modificações nas fases da operação. Também mostraram cobrança de agilidade em novas operações, conselhos estratégicos, fornecimento de pistas informais e sugestões de recursos ao MPF, demonstrando, assim, a total parcialidade do aludido juiz, e, na prática, sua dupla atuação (como "chefe informal da acusação" e julgador, ao mesmo tempo, o que é inadmissível, juridicamente). O poema, elaborado ainda em 2017, a partir da desastrosa decisão judicial de Sergio Moro, reflete a degeneração do princípio da presunção da inocência (*in dubio pro reo*), ocorrida ao longo da instrução criminal do processo em questão.

"Motivo da rosa" – escrito a partir do confuso e contraditório "voto de minerva" da ministra Rosa Weber, do Supremo Tribunal Federal (STF), na ação de habeas corpus impetrada pelos advogados do ex-presidente Lula. Durante o julgamento, realizado em 4 de abril de 2018, a ministra afirmou que, em tese, é contra a prisão em condenação de segunda instância (ou seja, quando ainda cabem recursos para os tribunais superiores), mas que votaria contra o seu próprio entendimento, em respeito ao pensamento da maioria do colegiado (ou seja, seguiria o voto da maioria dos ministros do STF, que, em 2016, votara a favor da prisão em segunda instância, embora, na ocasião, a própria ministra tenha votado contra). Weber argumentou que, no caso do ex-presidente Lula, valia o entendimento vigente da Corte, uma vez que o Poder Judiciário, segundo a ministra, precisa ser "previsível". Em consequência, o ex-presidente foi preso no dia 7 de abril de 2018 e seus direitos políticos foram cassados. Lula somente foi libertado 580 dias depois, após o mesmo STF ter derrubado (inclusive com o voto da referida ministra Rosa Weber), em 8 de novembro de 2019, a prisão de condenados em segunda instância. Àquela altura, as eleições já haviam terminado há mais de um ano, sem a participação de Lula, tendo sido vitorioso, no dia 28 de outubro de 2018, o candidato Jair Bolsonaro, o qual veio a tomar posse no dia 1 de janeiro de 2019. "Motivo da rosa" toma de empréstimo o título homônimo de uma pentalogia de poemas (1º, 2º, 3º, 4º e 5º Motivos da rosa) de Cecília Meireles (1901-1964), incluídos ao longo do livro *Mar absoluto e outros poemas* (1945), da poeta carioca. Quanto ao subtítulo, "A tese de Weber ou Jogos Florais", ecoa, respectivamente, o título homônimo da principal teoria sociológica formulada pelo pensador alemão Max Weber (1864-1920), e o de um poema do poeta mineiro Cacaso (1944-1987), pertencente ao livro *Grupo escolar* (1974). *Jogos Florais* eram, em suas origens, as festividades romanas, ocorridas anualmente, entre 28 de abril e 13 de maio, em homenagem a Flora, Deusa da Primavera, das flores, dos cereais, das vinhas e das árvores frutíferas. A partir do século XVIII, essa denominação passou a ser empregada nos casos de concursos literários em que poetas e amantes da escrita tinham nesse período a possibilidade de apresentar suas produções literárias numa competição. Essa tradição ainda perdura nos dias de hoje, sobretudo em cidadezinhas do interior do Brasil. Com relação ao verso "uma rosa é uma rosa é uma rosa é uma rosa", trata-se de uma das citações mais famosas da modernidade. É da autoria de Gertrude Stein (1874-1946) e se encontra no poema "Sacred Emily", divulgado no livro *Geograph and plays* (1922), da escritora norte-americana.

"Parada tática" – escrito no dia seguinte à divulgação do resultado do segundo turno da eleição presidencial brasileira de 2018.

"Indagações de hoje" – escrito no dia em que o assassinato "encomendado" da vereadora carioca Marielle Franco (1979-2018) completou um ano, sem que se soubesse quem foi (ou foram) o(s) mandante(s) do crime. Publicado, em versões anteriores, na aludida revista *Mallarmargens*, em 14 de fevereiro de 2020 (sendo Nuno Rau, Alexandre Guarnieri, Mar Becker e Amanda Vital os editores), e na antologia *Ato poético*: poemas pela democracia, organizada por Marcia Tiburi e Luís Maffei (Rio de Janeiro: Oficina Raquel, 2020, p. 58 e 59). Divulgado, posteriormente, na versão atual, na antologia *Revolta e protesto na poesia brasileira*: 142 poemas sobre o Brasil. Organização de André Seffrin. (Rio de Janeiro: Nova Fronteira, 2021, p. 244-246). O poema lista, desde a Antiguidade Clássica aos dias atuais, nomes de 40 mulheres (há também menores e uma transexual), conhecidas ou anônimas, que, de algum modo, foram vítimas fatais da violência, por motivos políticos, sociais, intelectuais, sexuais, de gênero, raça ou credo. "Indagações de hoje" toma de empréstimo o título homônimo de um livro de ensaios do poeta maranhense Ferreira Gullar, publicado em 1989.

"Domingo de samba, domingo de sangue" – escrito, especialmente, para a antologia virtual *80 balas, 80 poemas*, organizada pelo poeta Claudio Daniel (São Paulo: Zunái, 2020, p. 128-130). O texto refere-se às execuções racistas, cometidas covardemente pelo Exército Brasileiro, em 7 de abril de 2019, contra o músico Evaldo dos Santos Rosa (1968-2019) e o catador de lixo Luciano Macedo (1992-2019), no bairro de Guadalupe, Zona Norte da cidade do Rio de Janeiro. O título do poema e a estrofe que abre e encerra o texto são paráfrases do título e dos dois primeiros versos da música "Sunday bloody sunday" (*"I can't believe the news today/ I can't close my eyes and make it go away"*), composta por Bono, The Edge, Adam Clayton e Larry Mullen, membros da banda irlandesa U2. "Sunday bloody sunday" é a primeira canção do Lado A, do disco *War* (1983). Quanto à epígrafe, é uma citação da última estrofe do "Romance LXXXI ou Dos ilustres assassinos", pertencente à obra *Romanceiro da Inconfidência*, de Cecília Meireles (Rio de Janeiro: Livros de Portugal, 1953, p. 286).

Sobre o autor

Ricardo Vieira Lima nasceu em Niterói – RJ, em 24 de julho de 1969. Doutor em Literatura Brasileira pela Universidade Federal do Rio de Janeiro (UFRJ) e mestre em Literatura Brasileira pela Universidade do Estado do Rio de Janeiro (UERJ), é poeta, crítico literário, ensaísta, jornalista, antologista, editor-assistente da revista *Fórum de Literatura Brasileira Contemporânea* (UFRJ) e coordenador, juntamente com o poeta e ensaísta W. B. Lemos, do *Sarau do Museu*, evento literário mensal, realizado, virtualmente, pelo Museu da Justiça (TJRJ). Desde a década de 1990, vem publicando ensaios, resenhas, entrevistas e poemas em diversos jornais e revistas brasileiros e estrangeiros, a exemplo de *O Globo*, *Jornal do Brasil*, *Colóquio Letras*, *Metamorfoses*, *Revista Brasileira* (ABL), *Fórum de Literatura Brasileira Contemporânea*, *Rascunho*, *Poesia Sempre* (FBN), *Mallarmargens*, etc. Seus poemas têm sido traduzidos e divulgados em países como Estados Unidos e Itália. *Site* do autor: ricardovieiralima.com.br

PARTICIPAÇÃO EM ANTOLOGIAS

Antologia momento 1986. Organização e apresentação de Ozanir Roberti Martins. Rio de Janeiro: Rede MV1, 1986.

Antologia momento 1987. Organização e apresentação de Ozanir Roberti Martins. Rio de Janeiro: Rede MV1, 1987.

Cadernos de poesia oficina n° 7. Organização e apresentação de Francisco Igreja. Rio de Janeiro: Oficina Publicações, 1987.

Cadernos de poesia oficina n° 8. Organização e apresentação de Francisco Igreja. Rio de Janeiro: Oficina Publicações, 1987.

O conto e o dono do conto 2. Organização de Heli Samuel e Hélio Moraes. Rio de Janeiro: Editora CODPOE, 1989.

Antologia da nova poesia brasileira. Organização, seleção, notas e apresentação de Olga Savary. Rio de Janeiro: Fundação Rio/Rio Arte; Editora Hipocampo, 1992.

Poemas cariocas. Organização e apresentação de Thereza Christina Rocque da Motta. Rio de Janeiro: Ibis Libris, 2000.

Santa poesia. Organização de Cleide Barcelos. Rio de Janeiro: MMRio Comunicação, 2001.

80 balas, 80 poemas. Organização de Claudio Daniel. São Paulo: Zunái, 2020.

Ato poético: poemas pela democracia. Organização de Márcia Tiburi e Luís Maffei. Rio de Janeiro: Oficina Raquel, 2020.

Poemas de amor: Shakespeare, Camões, Machado, Florbela, Lorca e outros 115 poetas de ontem e de hoje. Seleção e organização de Walmir Ayala. 2ª ed. revista e atualizada por André Seffrin. Rio de Janeiro: Nova Fronteira, 2021.

Revolta e protesto na poesia brasileira: 142 poemas sobre o Brasil. Organização de André Seffrin. Rio de Janeiro: Nova Fronteira, 2021.

ORGANIZAÇÃO DE OBRA

Roteiro da Poesia Brasileira – Anos 80 (ensaio e antologia). São Paulo: Global Editora, 2010.

Poesia completa – Ivan Junqueira. Lisboa: Glaciar; Academia Brasileira de Letras, 2019

Narciso em cacos – antologia poética de Hilma Ranauro. Rio de Janeiro: Circuito (no prelo).

ENSAÍSMO

"*Obra reunida* – Dante Milano". In: *Metamorfoses* 6. Lisboa: Editorial Caminho e Cátedra Jorge de Sena, 2005, p. 321-324.

"Poesia, linguagem e vida". In: Eliane Vasconcelos (Org.). *A plumagem dos nomes* – Gilberto: 50 anos de literatura. Goiânia: Editora Kelps, 2007, p. 271-276.

"O nervo do conflito: fenecimento e vitalidade na poesia de Ivan Junqueira". In: *Revista Brasileira*. Fase VII. Ano XVII. Número 67. Rio de Janeiro: Academia Brasileira de Letras, 2011, p. 129-151. Disponível em: http://www.academia.org.br/sites/default/files/publicacoes/arquivos/revista-brasileira-67.pdf.

"Amálgama criativo: o ensaísmo poético e a poesia crítica de Antonio Carlos Secchin". In: Maria Lucia Guimarães de Faria; Godofredo de Oliveira Neto (Org.). *Secchin: uma vida em letras*. Rio de Janeiro: UFRJ, 2013, p. 87-97.

"Trilogia das Santas: a hagiografia poética de Cecília Meireles". In: Cecília Meireles. *Pequeno oratório de Santa Clara, Romance de Santa Cecília e Oratório de Santa Maria Egipcíaca*. São Paulo: Global Editora, 2014, p. 11-24.

"Iniciação à treva: horror e monstruosidade no *Heart of darkness*, de Joseph Conrad". In: Claudio Vescia Zanini; Sandra Sirangelo Maggio (Org.). *O insólito nas literaturas de língua inglesa*. Rio de Janeiro: Dialogarts, 2015, p. 171-198. Disponível em: http://www.dialogarts.uerj.br/admin/arquivos_tfc_literatura/O_insolito_nas_literaturas_de_lingua_inglesa.pdf.

Signos incógnitos: marcas da poética de João Cabral na obra de Ana Cristina Cesar. 2015. Dissertação de mestrado em Literatura Brasileira – Instituto de Letras, Universidade do Estado do Rio de Janeiro (UERJ).

"Do poema como objeto sonoro ao poema como resgate do humano: uma (re) leitura da poesia de Claudia Roquette-Pinto". In: *Fórum de Literatura Brasileira Contemporânea*. Vol. 8. Número 16. Rio de Janeiro: UFRJ, 2016, p. 51-67. Disponível em: https://revistas.ufrj.br/index.php/flbc/article/view/17245.

"Vozes femininas para um novo milênio". In: *Revista Fórum Identidades*. Ano 10. Vol. 20. Sergipe: UFSE, 2016, p. 47-66. Disponível em: https://seer.ufs.br/index.php/forumidentidades/article/view/5912.

"Cláudio Neves, ou: um poeta de ouvido absoluto contra o absurdo olvido da poesia". In: Cláudio Neves. *Ouvido no café da livraria*. São Paulo: Filocalia, 2016, p. 9-18.

"Pombo de pluma e granito: pluralidade, leveza e densidade na poesia de Antonio Carlos Secchin". In: *Colóquio Letras*. Vol. 200. Lisboa: Fundação Calouste Gulbenkian, 2019, p. 187-195.

#queversoueu: a revalorização da subjetividade na poesia brasileira contemporânea. 2019. Tese de doutorado em Literatura Brasileira – Faculdade de Letras, Universidade Federal do Rio de Janeiro (UFRJ).

BIOGRAFIA

A voz da natureza. Em coautoria com Clotilde Honório da Silva. Rio de Janeiro: Fábrica de Livros – SENAI/XEROX/FUNGUTEN, 2009.

JORNALISMO

Da monocultura ao agribusiness: a história da Sociedade Nacional de Agricultura. Em coautoria com Luciana Quillet Heyman. Brasília: Embrapa Informação Tecnológica, 2005.

Este livro foi concluído
em dezembro de 2020,

no Ano Um da sobrevivência à primeira grande peste do século XXI;
nos 100 anos dos nascimentos de João Cabral de Melo Neto e Clarice Lispector;
nos 100 anos da publicação de *Eu* (*Poesias Completas*), de Augusto dos Anjos;
nos 90 anos da publicação de *Libertinagem*, de Manuel Bandeira;
nos 90 anos da estreia literária de Murilo Mendes, com *Poemas*;
nos 90 anos da estreia literária de Carlos Drummond de Andrade, com *Alguma poesia*;
nos 90 anos dos nascimentos de Ferreira Gullar, Mário Faustino e Hilda Hilst;
nos 80 anos do nascimento de Orides Fontela;
nos 80 anos de Armando Freitas Filho, comemorados com a publicação de *Arremate*;
nos 40 anos da publicação de *A rainha arcaica*, de Ivan Junqueira;
nos 40 anos da publicação de *Que país é este?*, de Affonso Romano de Sant'Anna;
nos 40 anos da publicação de *Luva de pelica*, de Ana Cristina Cesar;
nos 50 anos da estreia literária de Dora Ferreira da Silva, com *Andanças*;
nos 50 anos da estreia literária de Olga Savary, com *Espelho provisório*;
nos 50 anos + 1 do autor.

"Os 40 anos são a velhice da juventude;
os 50 são a juventude da velhice."
Victor Hugo

"Se você tem 50 anos e não está fazendo
as coisas que ama, então de que adianta?"
Jim Carrey

Composto em Baskerville corpo 12 e impresso
no formato 16 x 23,5
sobre papel Pólen Bold 90g/m²,
sendo a capa em Cartão Supremo,
em novembro de 2021,
para a editora Circuito.